权威·前沿·原创

皮书系列为

“十二五”“十三五”“十四五”时期国家重点出版物出版专项规划项目

BLUE BOOK

智库成果出版与传播平台

核能发展蓝皮书
BLUE BOOK OF NUCLEAR ENERGY

中国核能发展报告（2022）

THE REPORT ON THE DEVELOPMENT OF CHINA'S NUCLEAR ENERGY (2022)

中国核能行业协会
中智科学技术评价研究中心
中核战略规划研究总院
主　　编 / 张廷克　李闽榕　尹卫平
首席专家 / 王毅韧
副 主 编 / 曹述栋　高立刚　王　俊
王文宗　郑玉辉　白云生

社会科学文献出版社
SOCIAL SCIENCES ACADEMIC PRESS (CHINA)

图书在版编目(CIP)数据

中国核能发展报告. 2022 / 张廷克, 李闽榕, 尹卫平主编. -- 北京 : 社会科学文献出版社, 2022.12
(核能发展蓝皮书)
ISBN 978-7-5228-1143-7

Ⅰ. ①中… Ⅱ. ①张… ②李… ③尹… Ⅲ. ①核电工业-工业发展-研究报告-中国-2022 Ⅳ. ①F426.23

中国版本图书馆CIP数据核字(2022)第217910号

核能发展蓝皮书

中国核能发展报告(2022)

主　　编 / 张廷克　李闽榕　尹卫平
首席专家 / 王毅韧
副 主 编 / 曹述栋　高立刚　王　俊　王文宗　郑玉辉　白云生

出 版 人 / 王利民
责任编辑 / 张建中
文稿编辑 / 王雅琪
责任印制 / 王京美

出　　版 / 社会科学文献出版社 · 政法传媒分社 (010) 59367156
地址: 北京市北三环中路甲29号院华龙大厦　邮编: 100029
网址: www.ssap.com.cn
发　　行 / 社会科学文献出版社 (010) 59367028
印　　装 / 三河市东方印刷有限公司

规　　格 / 开　本: 787mm × 1092mm　1/16
印　张: 15　字　数: 222千字
版　　次 / 2022年12月第1版　2022年12月第1次印刷
书　　号 / ISBN 978-7-5228-1143-7
定　　价 / 148.00元

读者服务电话: 4008918866

编委会名单

主编及首席专家简介

张廷克　男，1956年8月生，高级工程师。现任中国核能行业协会副理事长兼秘书长。曾任中国华能集团公司副总经理。长期从事能源、电力行业投资与项目建设运营的管理工作。目前主要从事核能行业的发展战略、规划、管理和政策等研究。

李闽榕　男，1955年6月生，经济学博士。现任中智科学技术评价研究中心理事长、主任，福建师范大学兼职教授、博士生导师，中国区域经济学会副理事长，中国科学院海西研究院产业发展咨询委员会副主任。主要从事宏观经济学、区域经济竞争力、现代物流等问题研究。

尹卫平　男，1970年3月生，正高级工程师。现任中核战略规划研究总院院长。长期在核工业不同领域工作，主要从事产业技术经济政策、产业发展与管理等方面的研究工作。

王毅韧　男，1957年9月生。现任国防科技工业科学技术委员会副主任。曾任国家国防科技工业局副局长、国家原子能机构副主任、国家核事故应急办公室主任、国际原子能机构理事、中国核能行业协会副理事长。长期从事核行业管理、规划与政策研究等工作。

《中国核能发展报告（2022）》编写说明

在各集团及有关方面充分提供资料的基础上，编写组人员采取集体讨论和审议、分工执笔和审稿的方式完成了本报告的编写。蓝皮书专家委员会以会议方式对本报告进行了内容审查。

第一部分总报告《中国核能发展与展望（2022）》，具体执笔工作由陆浩然、高彬、李林蔚、张海军、闫丽蓉、张红林、苏明星、王娅琦、孙小凯、何昉负责，主审工作由王毅韧、白云生、陈荣、郑玉辉、吕华权、陈公全、王加胜、唐伟宝、伍浩负责。

第二部分共有九篇分报告。《核能科技创新》分报告具体执笔由高彬负责，主审工作由陈公全负责；《核电生产运行》分报告具体执笔由张海军负责，主审工作由吕华权负责；《核电工程建设》分报告具体执笔由闫丽蓉、王恺祺负责，主审工作由吕华权负责；《核燃料循环产业》分报告具体执笔由张红林负责，主审工作由王加胜负责；《核电装备制造》分报告具体执笔由苏明星、夏磊、廖勇、刘艳、徐福兴负责，主审工作由唐伟宝、唐洪驹、咸海峰负责；《核能行业管理与安全保障》分报告具体执笔由王娅琦、周超然负责，主审工作由郑玉辉负责；《人才队伍建设》分报告具体执笔由孙小凯负责，主审工作由白云生负责；《核能国际合作》分报告具体执笔由何昉、沈迪负责，主审工作由伍浩负责；《核技术应用》分报告由李林蔚执笔，主审工作由白云生负责。

第三部分为重大问题研究篇，收录了中国工程院重点咨询研究项目成果

《核工业标准化2035发展战略研究》报告。

第四部分为专题篇，结合2021年度热点邀约收录了相关专题报告。

第五部分国际篇《2021年世界核能发展》，具体执笔工作由王茜、李林蔚、李鸿鹏、李言瑞负责，主审工作由白云生负责。

第六部分附录《2021年我国核能发展大事记》由郑玉辉汇总编制，王毅韧审核。

现将《中国核能发展报告（2022）》蓝皮书主要编制人员信息简介如下。

白云生，男，1965年11月生，研究员级高级工程师。现任中核战略规划研究总院副院长。主要从事核能技术及产业发展战略与规划、核工业管理政策法规、体制改革、核能经济等问题研究。

郑玉辉，男，1942年5月生，研究员级高级工程师，现任中国核能行业协会专家委员会委员。曾任核工业部教育司司长、中国核工业经济研究中心主任。长期从事核工业发展战略、规划、政策、法规、经济、管理等研究工作。

陈　荣，女，1969年3月生，研究员级高级工程师。现任中国核能行业协会战略研究部主任。主要从事核能行业发展战略规划与政策研究、行业发展趋势分析、核能立法研究等工作。

王加胜，男，1966年10月生，博士，研究员。现任中国核工业集团战略规划部副主任。主要从事战略规划、重大课题研究、综合管理等工作。

陈公全，男，1972年12月生，高级工程师。现任中国广核集团有限公司战略规划部副总经理。长期致力于核能/能源产业政策、体制机制，以及企业发展战略、经营管理与改革等方面的研究。

伍　浩，男，1981年1月生，高级工程师。现任国家电力投资集团有限公司核能安全与发展部副主任。主要从事核能的发展规划、体系建设、项目开发及管理等工作。

吕华权，男，1967年9月生，研究员级高级工程师。现任中国华能集团有限公司核电事业部副主任、华能核能技术研究院有限公司总经理。主要从事核电项目前期开发、核电工程建设及生产技术管理工作。

唐伟宝，男，1959 年 9 月生，教授级高级工程师。现任上海电气核电集团总工程师。主要从事核电设备制造的总体技术和发展规划研究，以及科技信息管理、标准化等工作。

咸海峰，男，1963 年 11 月生，现任哈尔滨电气集团公司核电事业部综合管理部部长。主要从事哈电集团核电产品管理、产业规划制定、核电政策分析以及核电事业部管理工作。

唐洪驹，男，1963 年 5 月生，教授级高级工程师。现任中国东方电气集团有限公司战略咨询委员会委员。主要从事包括核能装备产业在内的绿色低碳能源装备产业的发展战略研究工作。

刘　玮，男，1984 年 3 月生，高级工程师。现任中国核能行业协会战略研究部副主任。主要从事核能行业发展战略与政策研究、行业发展趋势分析等工作。

张　明，男，1985 年 2 月生，研究员。现任中核战略规划研究总院战略研究所所长。主要从事战略规划、政策法规、科技创新、体制改革等问题研究。

陆浩然，男，1982 年 8 月生，研究员。现任中核战略规划研究总院战略研究所政策法规室主任。主要从事核工业战略规划、核领域政策法规等问题研究。

前言

我国力争在2030年前实现碳达峰、2060年前实现碳中和，是党中央统筹国内国际两个大局，围绕全面建设社会主义现代化强国，加速经济社会绿色低碳转型发展，积极参与全球气候治理进程，构建人类命运共同体作出的重大战略决策。如期实现“双碳”目标，能源领域安全低碳转型发展是关键。2021年下半年，我国多地出现电力供应短缺情况，对经济社会发展和人民群众生活造成了一定影响。这再次警示我们，“实现‘双碳’目标是一场广泛而深刻的经济社会系统性变革，不是轻轻松松可以实现的”。统筹好发展与安全，是做好“双碳”工作的时代要求。一方面，要立足我国能源资源禀赋，发挥好稳定、可靠能源的“压舱石”作用；另一方面，要不断推动化石能源与核能、水能、新能源的优化组合，提升能源系统韧性和抗击各类风险的能力，促进新能源的上网消纳，在保障安全供应的前提下有序推动能源系统的低碳化替代。

核能曾在欧美等发达国家碳达峰过程中发挥了重要作用，碳中和背景下核能的发展正在被重新重视。国际能源署的研究表明，核能是世界发达经济体最大的低碳能源选项，在过去半个世纪中，核能贡献了一半的低碳电力，帮助降低了二氧化碳的长期排放增速，在欧美等发达国家碳达峰过程中发挥了重要作用。当前，实现经济社会绿色低碳转型发展已成为世界各国的广泛共识，具有清洁低碳、稳定高效优势的核能再次受到世界各国的重视。国际多家权威机构对未来全球核电装机规模的预测持积极态度，都认为核能在未来低碳经济和社会发展中将发挥重要作用，预测未来全球核电的装机规模会有显著的增长。世界核电大国更加重视核能领域技术创新，围绕更加安全、更加高效的先进核能系统加大研发投入力度，积极抢占先进核能技术的战略制高点。

从我国当前的发展阶段来看，推进能源革命，实现“双碳”目标同样离不开核能。自1991年我国大陆第一座核电站——秦山核电站并网发电，到自主三代核电“华龙一号”示范工程全面建成，我国核电累计发电量超过3万亿千瓦时，减少燃烧标准煤约10亿吨，减排二氧化碳约25亿吨，为降低我国二氧化碳排放增速做出了重要贡献。经过30余年的努力，我国核能产业实现了规模化发展，为新时代我国核能产业高质量发展打下了坚实的基础。但是我们应该认识到，当前我国核电占全国发电总量的比重远低于世界发达国家水平，甚至还不到世界平均水平的一半，我国现有核电装机规模与实现“双碳”目标还不匹配。

我国核能产业正进入积极安全有序发展新阶段。2021年是“十四五”的开局之年，《政府工作报告》中明确提出“在确保安全的前提下积极有序发展核电”，这是近10年来，《政府工作报告》在提及发展核电时首次用“积极有序”一词来表述。中共中央、国务院《关于完整准确全面贯彻新发展理念做好碳达峰碳中和工作的意见》和国务院《关于印发2030年前碳达峰行动方案的通知》都明确指出积极安全有序发展核电、积极稳妥开展核能供热。核能在我国清洁低碳、安全高效的能源体系中的地位和作用更加突出，将成为我国优化能源结构、保障能源安全、应对气候变化、实现“双碳”目标的重要手段。

2022年，我们迎来了党的二十大胜利召开。中国核能行业协会、中核战略规划研究总院、中智科学技术评价研究中心继续联合核能产业的企业和机构力量，连续第5年编制完成了《中国核能发展报告》蓝皮书。作为核能产业的权威出版物，蓝皮书既有对2021年我国核能产业发展情况的记录与总结，也有对国内外核能发展趋势的解读与展望，可供政府相关主管部门、研究机构、行业相关单位、高校及关心核能产业的各界人士参考。

《中国核能发展报告（2022）》分为6个部分。第一部分为总报告，全面介绍了2021年我国核能发展现状，分析了当前我国核能发展面临的趋势，并对未来发展前景进行了展望。第二部分包含9篇分报告，分别从核能科技创新、核电生产运行、核电工程建设、核燃料循环产业、核电装备制造、核能行业管理与安全保障、人才队伍建设、核能国际合作、核技术应用等方面具体介绍了各领域2021年度的发展情况和主要成果。第三部分为重大问题研究篇，收录了中国工程院重点咨询研究项目成果《核工业标准化2035发展战略研究》报告。第四部分为专题篇，收录了核电机组延续运行的安全保障、核电机组综合利用技术示范及经济性分析、核电“走出去”经验与启示3篇专题报告。第五部分为国际篇，介绍了2021年世界核能发展状况，并附上涉核国际机构的核能相关重要会议及活动。第六部分附录为2021年我国核能发展大事记。

蓝皮书在编制过程中，得到了国家能源局、国家国防科技工业局和国家核安全局等有关部门的关心和支持，得到了有关专家的指导和帮助，在此衷心表示感谢。蓝皮书力求客观反映我国核能产业发展情况，内容仅代表第三方智库观点，不反映政府和企业立场。由于经验不足和水平有限，难免存在疏忽和不当之处，恳请读者批评指正。

中国核能行业协会副理事长兼秘书长

2022年4月

摘 要

核能是世界主要强国战略竞争的重要领域。截至 2021 年底，全球在运核电机组 437 台，总装机容量超过 3.89 亿千瓦，分布在 32 个国家或地区；在建核电机组 52 台，总装机容量 5508.7 万千瓦，分布在 19 个国家或地区。在全球应对气候变化及能源安全问题日益突出的大背景下，核能清洁、低碳、安全、高效的优势越发凸显。世界主要核电国家持续加强三代核电、小型模块化反应堆、四代核能系统和聚变技术的研发。国际原子能机构、国际能源署等权威机构预测，未来全球核电的装机容量将呈现持续增长趋势。

本报告全面反映了 2021 年我国核能发展取得的最新进展。截至 2021 年底，我国商运核电机组数为 51 台，总装机容量为 5327 万千瓦，位列全球第三，占全国电力装机总量的 2.24%；核电发电量为 4071.38 亿千瓦时，位列全球第二，同比增加 11.17%，约占全国总发电量的 4.8%；在建核电机组 20 台，总装机容量 2142 万千瓦，在建机组装机容量继续保持全球第一。核能科技创新取得新的进展，“华龙一号”国内外首堆相继投入商运，大型先进压水堆重大专项持续推进，高温气冷堆核电站示范工程首次并网成功，陆上模块化小堆开工建设，钠冷快堆、铅冷快堆、熔盐堆、聚变堆等先进核能系统的关键技术研发取得新突破。核燃料循环产业生产运行保持稳定，铀矿勘查采冶取得新进展，核燃料加工生产稳定运行，燃料元件系列化、型谱化发展继续推进，乏燃料及放射性废物管理持续加强。核电装备自主化和国产化能力持续提升，已形成年供 10 台 / 套左右百万千瓦级压水堆核电主设备成套供货能力，主要堆型设备国产化率达到 90% 以上。核能行业管理、政策法规体系建设、辐射安全监管、核应急、核安保等领域工作不断强化。核能人才培养工作体系化、制度化和标准化进一步增强，已形成一支规模约20万人的高素质核能人才队伍。核能行业深入推进对外开放，在核电工程、核能产业链、科技创新、国际治理等领域持续加强国际合作。核技术应用在同位素、医学、工业、农业、安保等领域取得了较大进展。

本报告就我国核能发展形势进行了分析，认为：强化气候行动正在驱动全球向低碳发展转型，核能再次受到重视；全球能源安全问题日益突出，凸显核能在保障能源安全中的重要价值；全球先进核能技术研发持续加强，核能技术创新取得新进展。本报告对未来我国核能发展进行了展望：核能将保持平稳有序的发展节奏；核能科技创新将进一步赋能核能产业的高质量发展；核能多用途利用将步入提挡加速期，因地制宜优化空间布局将推动我国核电均衡发展；我国核能发展的政策环境将更加优化。

关键词：核能发展　碳中和　清洁低碳　能源安全　科技创新

目 录

Ⅰ 总报告

Ⅱ 分报告

Ⅲ 重大问题研究篇

Ⅳ 专题篇

Ⅴ 国际篇

Ⅵ 附 录

皮书数据库阅读使用指南

总报告

General Report

B.1

中国核能发展与展望（2022）

摘　要： 本报告从 9 个方面全面介绍了 2021 年我国核能产业发展的最新进展。2021 年，我国商运核电机组达到 51 台，核电发电量同比增加 11.17%，在建核电机组规模继续保持全球第一，核能科技创新取得一系列新成果，核燃料循环产业、核电装备制造、核能行业管理与安全保障、人才队伍建设能力不断提升，核能国际合作不断深入，核技术应用取得新的进展。当前，我国核能产业已进入积极安全有序发展新阶段，展望未来，核电装机规模将进一步扩大，核电布局有望更加均衡，核能科技创新将进一步赋能核能产业的高质量发展，核能多用途利用将步入提挡加速期，我国核能高质量发展的政策环境将更加优化。

关键词： 核能发电　核能综合利用　核燃料循环　碳达峰碳中和

一　2021 年中国核能发展综述

（一）核能科技创新

2021 年，我国核能科技创新取得新的进展。“华龙一号”国内外首堆相继投入商运，标志着我国真正自主掌握了三代核电技术，核电技术水平跻身世界前列。大型先进压水堆重大专项持续推进，高温气冷堆核电站示范工程首次并网成功，陆上模块化小堆开工建设，钠冷快堆、铅冷快堆、熔盐堆、聚变堆等先进核能系统的关键技术研发获得新突破，涉核自主软件开发和应用取得新进展。

大型先进压水堆“国和一号”示范工程建设进展顺利。自主化焊接材料首次在国产核一级设备承压焊缝制造中获得应用，核电站池边检查技术研发取得突破，自主化核电仪控系统及堆内外核测系统研制成功，具有自主知识产权的三代核电技术标准体系进一步完善。

高温气冷堆核电站示范工程 1 号反应堆实现成功并网。高温气冷堆重大专项围绕解决高温气冷堆核电技术工程化应用难题和提升运维可靠性目标，系统性开展设计优化技术研究，同时积极开展替代燃煤机组的产业化推广以及氦气透平直接循环发电、高温制氢等研发设计工作。

“华龙一号”关键设备自主化研制取得新的突破。一批自主化关键核心设备部件已在项目中得到应用；数字化智能化水平不断提升，基于经验反馈的设计方案持续优化，后续型号研发积极推进。

小型反应堆发展取得重要进展。海南昌江多用途模块式小型堆科技示范工程开工建设，海上小堆研发取得积极进展，气冷微堆总体技术方案已完成固化，多种供热堆型号都在积极推进示范工程项目落地。

快中子堆取得积极进展。示范快堆工程建设顺利推进，快堆高性能数值模拟及仿真关键技术取得重要突破。铅铋快堆研究领域建成一批高性能试验系统，为热工水力、材料测试、软件验证等方面的研究奠定了坚实基础。2MWt 液态燃料钍基熔盐实验堆（TMSR-LF1）工程建设顺利推进，主体装置厂房完成建设，一批关键设备陆续安装调试。

聚变堆研发积极推进。我国东方超环（EAST）装置分别实现了可重复的1.2 亿度 101 秒等离子体运行、1.6 亿度 20 秒等离子体运行、1056 秒的长脉冲高参数等离子体运行，接连创造了托卡马克核聚变实验装置运行新的世界纪录。中国环流器 HL-2A 装置完成主要部件的升级改造，HL-2M 装置通过验收，为后续开展高参数高性能聚变等离子体科学实验奠定了基础。

首款自主化多质多相流体动力学计算分析软件成功发布。自主化核电软件 COSINE 取证工作顺利推进；“华龙一号”自主软件取证工作取得阶段性成果，核设计软件包（PCM）获准应用于“华龙一号”项目。

（二）核电生产运行

2012~2021 年，我国商运核电机组装机规模持续增长（见图 1）。2021 年，新增商运核电机组 3 台，分别为福清核电 5 号机组、田湾核电 6 号机组与红沿河核电 5 号机组；秦山核电厂 1 号机组运行许可证获准延续。截至 2021 年底，我国商运核电机组总数为 51 台[①]，总装机容量为 5327 万千瓦，仅次于美国、法国，位列全球第三，核电总装机容量占全国电力装机总量的 2.24%（见图 2）。

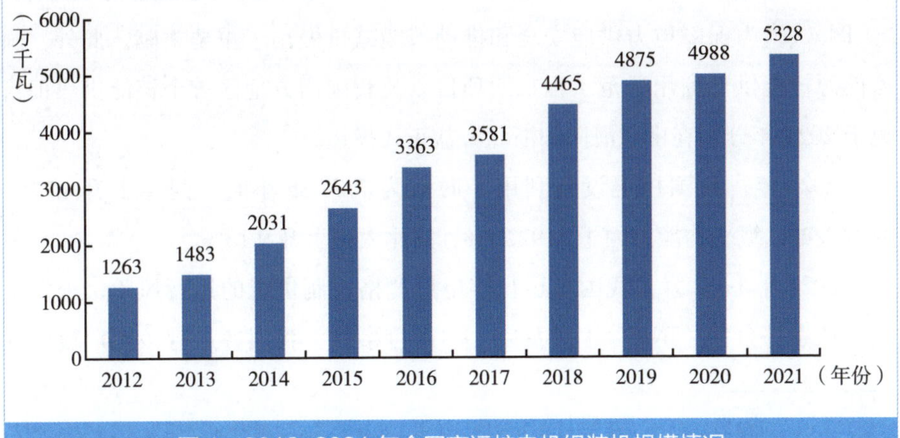

图 1　2012~2021 年全国商运核电机组装机规模情况

① 本报告中的我国核电信息均未包含我国台湾地区核电数据。

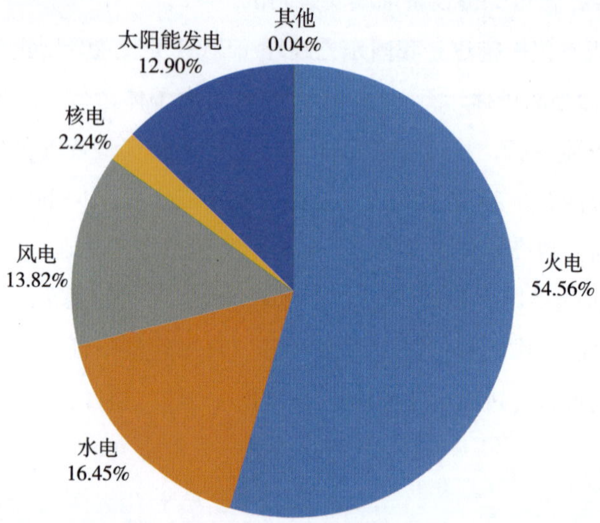

图 2　2021 年全国电力装机占比情况

2021 年，我国核电发电量为 4071.38 亿千瓦时，同比增长 11.17%，约占全国总发电量的 4.8%（见图 3）。与燃煤发电相比，核电发电相当于减少燃烧标准煤 11558.05 万吨①，减少排放二氧化碳 30282.09 万吨、二氧化硫 98.24 万吨、氮氧化物 85.53 万吨②。2012~2021 年，我国核电发电量持续增长（见图 4），为保障电力供应安全和推动节能减排做出了重要贡献。此外，国家能源核能供热商用示范工程二期项目以及我国南方地区首个核能供热项目也于 2021 年分别在山东海阳和浙江海盐正式投运。

2021 年，我国核电设备利用小时数为 7777.85 小时，同比上升 4.72%；商运核电机组平均能力因子为 92.27%，同比大幅上升 9.13%。

2021 年 1~12 月，我国各运行核电厂严格控制机组的运行风险，未发生国际核事件分级（INES）1 级及以上的运行事件。我国各运行核电厂放射性

---

① 国家能源局 2022 年 1 月 26 日发布的信息显示，2021 年我国火电供电煤耗为 302.5 克标准煤 / 千瓦时。

② 减排计算方法源于我国火电行业通用计算标准，按照工业锅炉每燃烧 1 吨标准煤产生二氧化碳 2620 千克、二氧化硫 8.5 千克、氮氧化物 7.4 千克计算。

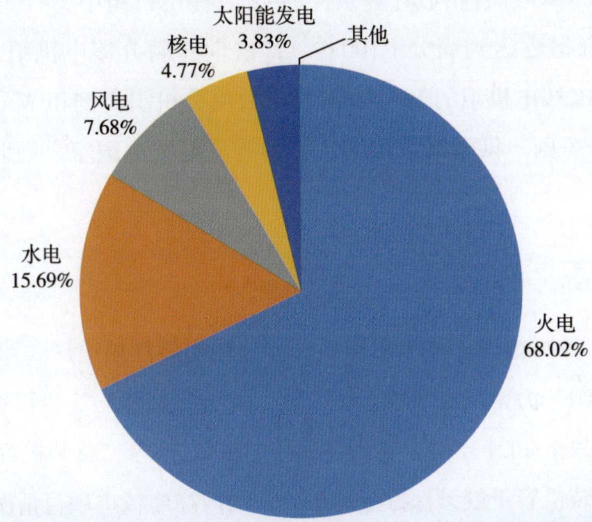

图 3　2021 年全国各类电源发电量占比情况

说明："其他"电源品种的发电量占比小于 0.005%。

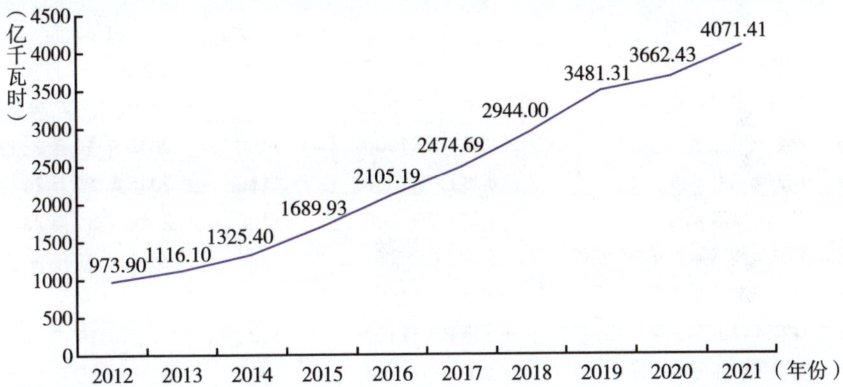

图 4　2012~2021 年全国核电发电量变化情况

流出物的排放量均低于国家核安全局批准的限值，各运行核电基地外围监督性监测自动站测出的环境空气吸收剂量率在当地本底辐射水平正常范围内，未监测到核电机组运行引起的异常。

根据世界核电运营者协会（WANO）发布的 2021 年业绩指标数据，我国核电厂满足 WANO 综合指数计算条件的 48 台核电机组中，有 34 台核电机组的 WANO 综合指数达到满分（100 分），占世界满分核电机组总数（77 台）的 44.2%。我国核电机组的 WANO 综合指数满分机组比例和 WANO 综合指数平均值均高于美国、俄罗斯、法国、韩国等主要核电国家，同时高于世界平均水平。

（三）核电工程建设

2021 年，我国新开工核电机组 6 台，分别是昌江核电厂 3、4 号机组，田湾核电 7 号机组，海南昌江小堆示范工程，徐大堡核电厂 3 号机组和三澳核电厂 2 号机组。截至 2021 年底，我国在建核电机组 20 台，总装机容量 2142 万千瓦，在建机组装机容量继续保持全球第一。国内在建核电项目情况（截至 2021 年 12 月 31 日）见表 1。

表 1　国内在建核电项目情况（截至 2021 年 12 月 31 日）

单位：MWe

序号	机组	堆型	额定容量	开工时间
1	山东石岛湾 1 号	高温气冷堆 HTR-PM	211	2012 年 12 月 9 日
2	辽宁红沿河 6 号	压水堆 ACPR1000	1119	2015 年 7 月 24 日
3	福建福清 6 号	压水堆 HPR1000	1150	2015 年 12 月 22 日
4	广西防城港 3 号	压水堆 HPR1000	1180	2015 年 12 月 24 日
5	广西防城港 4 号	压水堆 HPR1000	1180	2016 年 12 月 23 日
6	福建霞浦示范快堆 1 号机组	钠冷快堆 CFR600	600	2017 年 12 月 29 日
7	国核示范工程 1 号	压水堆 CAP1400	1534	—
8	国核示范工程 2 号	压水堆 CAP1400	1534	—
9	福建漳州 1 号	压水堆 HPR1000	1212	2019 年 10 月 16 日
10	广东太平岭 1 号	压水堆 HPR1000	1202	2019 年 12 月 26 日
11	福建漳州 2 号	压水堆 HPR1000	1212	2020 年 9 月 4 日
12	广东太平岭 2 号	压水堆 HPR1000	1202	2020 年 10 月 15 日
13	福建霞浦示范快堆 2 号机组	钠冷快堆 CFR600	600	2020 年 12 月 27 日
14	浙江三澳 1 号	压水堆 HPR1000	1210	2020 年 12 月 31 日
15	海南昌江 3 号	压水堆 HPR1000	1200	2021 年 3 月 31 日
16	江苏田湾 7 号	压水堆 VVER-1200	1265	2021 年 5 月 19 日

续表

序号	机组	堆型	额定容量	开工时间
17	海南昌江小堆示范工程	压水堆 ACP100	125	2021 年 7 月 13 日
18	辽宁徐大堡 3 号	压水堆 VVER-1200	1274	2021 年 7 月 27 日
19	海南昌江 4 号	压水堆 HPR1000	1200	2021 年 12 月 28 日
20	浙江三澳 2 号	压水堆 HPR1000	1210	2021 年 12 月 30 日

2021 年，我国在建核电工程整体稳步推进，项目在安全、质量、技术、环境保护等方面均得到有效控制。其中，石岛湾核电厂高温气冷堆核电站示范工程 1 号反应堆成功并网发电，成为全球首个并网发电的球床模块式高温气冷堆。

（四）核燃料循环产业

2021 年，我国核燃料循环产业生产运行保持稳定，自主关键技术取得新成果，为我国核能发展和“走出去”提供了可靠的保障。

铀矿勘查采冶取得新进展。铀成矿理论、勘查采冶新技术、新方法取得突破。2021 年全年按计划完成钻探工作量，探明资源量进一步增加，新区、新类型、新层位找矿取得重要进展，伊犁盆地新发现平米铀量创国内新纪录的工业矿段；新疆伊犁千吨级绿色铀矿山大基地高效稳定运行，内蒙古通辽、鄂尔多斯千吨级大基地建设取得明显进展，国内天然铀供应保障能力得到进一步提升。

核燃料加工生产稳定运行。铀纯化转化关键技术实现突破，铀转化先进控制技术、三废处理工艺技术水平不断提升。铀浓缩产业在保持稳定生产的基础上，大力推进标准化铀浓缩运行组织改革，推进数字化技术应用，生产运行工艺水平及管理水平不断提升。

压水堆核燃料元件型谱化、系列化发展继续推进。重水堆燃料元件生产线改造完成，改进型 37M 核燃料棒束下线。高温堆燃料元件成功入堆，为我国全球首座高温气冷堆核电站并网提供了保障。自主三代压水堆元件、环形燃料元件、耐事故燃料元件研发稳步推进。已经形成了完整可靠的核级海绵锆生产及锆合金加工体系。

核电站乏燃料及放射性废物管理得到加强。乏燃料公海铁联运体系实现试运行，乏燃料后处理科研专项及示范工程建设稳步推进。广东阳江低放废物处置场开工建设。我国首座高放废液玻璃固化设施完成热试并投入试运行。

（五）核电装备制造

2021 年，我国核电装备制造企业继续大力推进核安全文化建设，以提升产品质量筑牢核安全基础，重点推进“国和一号”、“华龙一号”和示范快堆等重点核电项目设备制造。通过实施核心设备和零部件国产化攻关，推进核电装备制造业高质量发展，我国已形成可年供 10 台 / 套左右百万千瓦级压水堆核电主设备的成套供货能力，核电主要堆型设备国产化率达到 90% 以上。特别是包括高温气冷堆蒸汽发生器、“国和一号”蒸汽发生器和湿绕组电机主泵、核电站用 ML-C 型控制棒驱动机构等在内的一批核电关键装备的研制成功，表明我国在核电装备制造领域的研制能力达到世界先进水平。

2021 年，“国和一号”示范工程 1 号机组首台蒸汽发生器、稳压器和堆内构件完工交付，屏蔽电机主泵样机通过鉴定。“华龙一号”堆型核岛主设备形成批量化制造能力，交付的设备包括漳州核电、防城港核电等 6 台蒸汽发生器，以及漳州核电 1 号机组反应堆压力容器和稳压器。2021 年国内核电主设备累计交付 51 台 / 套，交付数量创 2018 年以来新高，具体情况见表 2 和图 5。

表 2　2021 年国内核电主设备出产情况

单位：台 / 套

堆型	设备	交付数量
国和一号	反应堆压力容器	1
	蒸汽发生器	2
	稳压器	2
	控制棒驱动机构	1
	堆内构件	1
	湿绕组电机主泵	1
	发电机	1
	汽轮机	1
	高压加热器	4
	MSR	1

续表

堆型	设备	交付数量
华龙一号	反应堆压力容器	2
	蒸汽发生器	6
	稳压器	2
	汽轮机	1
	凝汽器	1
示范快堆	蒸汽发生器	16
	堆芯支承	1
	余热排出系统钠—空冷器	4
	发电机	1
	汽轮机	1
	MSR	1
合计		51

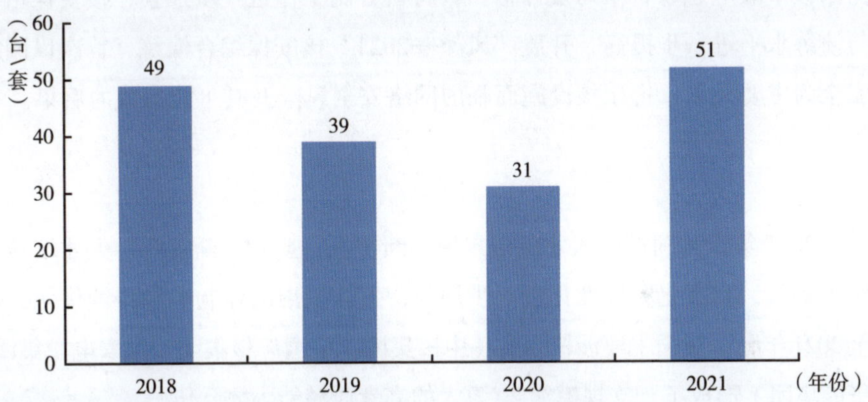

图 5　2018~2021 年国内核电主设备交付数量

（六）核能行业管理与安全保障

2021 年，国家对核电的发展方针更加明确。中共中央、国务院《关于完整准确全面贯彻新发展理念做好碳达峰碳中和工作的意见》提出，积极安全有序发展核电。国务院《关于印发 2030 年前碳达峰行动方案的通知》提出，积极安全有序发展核电，合理确定核电站布局和开发时序，在确保安全的前提下有序发展核电，保持平稳建设节奏。核领域基础性法律原子能法经国务院常务会议审议并原则通过，正在履行后续程序。核损害赔偿法、放射性废物管理法、核电管理条例、核安保条例、乏燃料管理条例等一批法律法规的立法工作深入推进。

国家原子能机构、国家能源局、生态环境部等部门共发布11项部门规章。发布核工业、核科技、核设施退役治理、国家核应急工作等方面的“十四五”规划。编制核安全与放射性污染防治“十四五”规划。国家原子能机构等8个部门首次联合发布《医用同位素中长期发展规划（2021—2035年）》。

2021年，核安全、核应急、核安保等领域的工作积极开展。在运核电机组保持安全稳定运行，核电安全总体受控。核应急能力建设持续加强，审批完成山东省、福建省、广西壮族自治区核应急预案，圆满完成“神盾—2021”国家核事故应急联合演习及评估。核材料管制工作进一步加强，核安保培训与演练水平进一步提高，开展“风暴—2021”核安保综合演练，首次以网络安全为主要元素，揭示核设施面临的网络安全风险及其可能造成的后果。

（七）人才队伍建设

2021年，我国核能人才队伍规模不断扩大、质量不断提升，人才培养工作体系化、制度化和标准化进一步加强，人才发展的体制机制持续优化。截至2021年底，我国主要涉核企业（中核集团、中国广核集团、国家电投集团、华能集团）形成了一支规模约20万人的高素质核能人才队伍。

2021年，中国科学院知名核科学家王大中院士获国家最高科学技术奖；我国著名核动力专家、中国核潜艇首任总设计师彭士禄院士被追授“时代楷模”称号。

我国涉核企业大力实施“人才强核”等发展战略，实施分层分类人才培养计划，创新人才引进路径，进一步推进校企合作和人才共育，为我国核电、核燃料循环、核技术应用等领域的科技创新与产业发展提供了保障。

（八）核能国际合作

2021年，面对纷繁复杂的国际形势，我国核能产业深入推进对外开放，秉持对外开放、互利共赢理念，努力克服新冠肺炎疫情蔓延的不利影响，主动担当、积极作为，推动“一带一路”倡议和新发展格局构建同频共振，在核电工程、核能产业链、科技创新、国际治理等领域持续加强国际合作。

国际核电合作项目取得重要进展。中俄元首共同见证田湾核电站 7、8 号机组项目和徐大堡 3、4 号机组项目的正式开工。巴基斯坦卡拉奇 K2 机组投入商运；卡拉奇 K3 机组首次装料，进入带核调试阶段。国际热核聚变实验堆（ITER）装置主机安装第一阶段圆满完成。英国欣克利角 C 项目土建施工有序推进。阿尔及利亚 B-1、B-2 项目完成验收。积极推进巴基斯坦恰希玛 C-5 项目和阿根廷核电项目。“华龙一号”核电技术通过英国通用设计审查中的所有重要审评环节。

核能产业链国际合作取得积极进展。我国企业参与合作投资建设的首座海外核燃料组件厂正式建成投产。铀资源贸易高质量推进，海绵锆、锆 4 管坯产品实现出口。海外核电运维业务快速增长，18 家中资企业成功注册成为阿联酋核电公司合格供应商，巴基斯坦恰希玛 C-4 机组首获 WANO 综合指数满分。

核科技创新国际合作取得新成果。ITER 中国氦冷固态实验包层系统（HCCB TBS）首个项目启动，“核电厂 1E 级电缆老化和鉴定”EPRI（美国电力研究院）技术合作项目圆满完成。我国核电企业主导编制的国际标准《傅里叶红外光谱法测量重水浓度》（ISO 23468：2021）、《核电厂—安全重要仪表和控制系统—地震停堆系统准则》（IEC 63186：2021）正式发布。《核聚变堆高温承压部件的热氦检漏方法》在国际标准化组织成功立项。

积极参与核领域全球治理。深化与国际原子能机构（IAEA）合作，宣介中国核能发展政策与实践，设立昆虫不育、高放废物地质处置、海关一线官员核安保能力建设等 3 个协作中心。履行核领域国际义务，高温堆示范工程全面落实 IAEA 核保障监督要求；IAEA 邀请中国专家参加日本福岛核事故污染水处置问题技术工作组。积极参与 WANO 全球活动，WANO 上海办公室正式揭牌，国内核电机组 WANO 综合指数不断提升。深化国际人才交流，支持新兴核能国家基础能力建设和人才培养，支持国内专家、学者近 800 人次参与各类核领域交流研讨活动。

（九）核技术应用

2021 年，我国核技术应用在同位素、医学、工业、农业、安保等领域取得较大进展。

放射性同位素、稳定同位素产业化取得较大进展，生产能力不断提升。碘（^{131}I）化钠胶囊取得药品注册证书，成为 2005 年以来首个获批的国产放射性新药；^{131}I 及碘（^{131}I）化钠口服液生产工艺取得新突破，建立连续稳定运行的规模化 ^{131}I 及碘（^{131}I）化钠口服液生产线；全球首批商用堆 ^{14}C 靶件研制正式启动。

核医疗装备国产化加快推进。我国首款国产单光子药物自动配置系统——“辐睿智配”发布，其为集智能化、高精度、低辐射于一体的全自动放射性药物配制系统；国产螺旋断层放疗系统 V1 版本产品设计及开发完成，实现国内生产；适用全身的智能化钴 60 锥束聚焦立体定向治疗系统——智能伽玛刀，整合先进影像引导和精准定位六维治疗床技术，为广大癌症患者提供更加精准的放射治疗；质子治疗领域的“布拉格治疗”技术成功延长了多位晚期肿瘤患者的生命；首例特许准入钇（90Y）树脂微球临床治疗肝癌手术成功实施。

工业领域应用场景不断推广、应用范围不断扩大。电子束治污技术已成功应用于多个领域，在广东江门、湖北十堰、新疆伊宁、湖北汉川等地有多个示范项目。国内市场工业辐照钴 60 首次实现全部国内自主供应。冷链食品新冠病毒防控辐照消杀取得新突破。

辐射诱变育种、农产品及食品辐照加工技术持续走在全球前列。我国持续推动辐射诱变育种技术发展，已在小麦、水稻、玉米、大豆、棉花、蔬菜等作物上诱变育种 60 多个新品种，为我国农作物辐射诱变育种产业打下坚实基础。我国农产品及食品辐照加工技术在国际上处于领先地位。

核安保产业智能化、个性化水平不断提升，为多个大型活动保驾护航。打造了全球首创智能空中轨道集疏运系统（示范段），全球首套航空箱 CT 安检系统建设工程开工。核技术应用为全球大型赛事和会议活动提供了智能化、集成化、可视化的安检解决方案。

二　形势与展望

（一）发展形势

1. 强化气候行动正在驱动全球向低碳发展转型，核能再次受到重视

应对气候变化已成为全球最为紧迫的议题。2021 年 8 月，政府间气候变化专门委员会（IPCC）发布报告并明确指出，人类活动排放的温室气体是全球变暖的主因。世界各国正在加快采取务实行动以应对日益严峻的气候变化形势。2021 年 11 月，近 200 个国家在《联合国气候变化框架公约》第二十六次缔约方大会（COP26）上共同签署了《格拉斯哥气候公约》，就 2030 年将全球温室气体排放量减少 45% 达成共识，并承诺逐步减少煤炭使用量，减少对化石燃料的补贴。

在此背景下，统筹气候与发展双重目标，实现经济社会绿色低碳转型发展已成为世界各国的广泛共识，而具有清洁低碳、稳定高效优势的核能重新受到重视。世界核协会在 2021 年 9 月发布的一项报告中指出：核能是推动全球清洁转型发展、构建现代能源体系的关键驱动力。核电有助于增强电网运行的稳定性，推进风电、太阳能发电等新能源的部署。除供电外，核能还可用于区域供暖、工业供热、海水淡化、制氢、合成燃料等，有助于推进电力以外难以减排的行业脱碳。美国能源部认为，发展核能是突破当前脱碳复杂局面的关键举措。俄罗斯国家原子能公司声称，俄罗斯实现碳中和目标离不开核能，到 2045 年核能将在其能源结构中占 25%，核能正成为俄罗斯低碳转型的基础。法国将新建 6 座新型 EPR（欧洲先进压水堆），预计第 1 座将在 2035 年投入使用，同时研究再修建 8 座核反应堆的可行性，在保证安全的基础上将现有核反应堆的使用年限都提升到 50 年以上。

为推动实现碳达峰碳中和目标，我国逐步构建了“1+N”的政策体系，相继发布了《关于完整准确全面贯彻新发展理念做好碳达峰碳中和工作的意

见》《关于印发 2030 年前碳达峰行动方案的通知》，其中强调要“积极安全有序发展核电”，并提出一系列具体措施，进一步明确了核电在构建我国清洁低碳、安全高效的能源体系中的地位和作用，为我国核能产业高质量可持续发展提供了新的机遇。

2. 全球能源安全问题日益突出，凸显核能在保障能源安全中的重要价值

2021 年，受极端气候频发的影响，新能源供应能力下降，使得本就处于供需偏紧状态的化石能源供应雪上加霜，造成能源供需缺口加大、供需矛盾进一步加剧，全球能源价格大幅上涨，石油、天然气等能源价格屡创历史新高。2021 年底，欧洲的天然气价格相较年初已经上涨超过 800%，欧洲主要国家平均电价由往年同期的 0.05 欧元 / 千瓦时左右上涨到超过 0.3 欧元 / 千瓦时。2022 年初，受俄乌冲突影响，国际能源市场波动进一步加大，能源危机进一步加剧。

保障能源供应安全已成为世界主要经济体迫切需要解决的问题，而核能对保障能源供应安全的价值也越来越受到重视。为减少欧盟地区对俄罗斯天然气的进口依赖，国际能源署建议最大限度地利用核能等低碳排放能源。2022 年 3 月，欧洲原子能论坛（Foratom）呼吁欧盟地区考虑加强对核能的依赖，将核能和可再生能源相结合是欧盟地区保障能源供应安全的关键。英国、法国、比利时、瑞士、芬兰等国纷纷调整各自政策，加大对核能保障本国能源供应安全的重视力度。

作为世界最大的能源消费国，我国能源发展面临的首要问题始终是如何有效保障国家能源安全、有力保障国家经济社会发展。2021 年 10 月，习近平总书记在视察胜利油田时强调“要发展实体经济，能源的饭碗必须端在自己手里”[①]。随着我国经济社会发展，能源消费总量还将持续增长，只有国家能源安全得到有效保障，才能真正把握未来发展的主动权。2021 年下半年以来，国内电力、煤炭供需持续偏紧，部分时段区域性供应紧张风险凸显，国内部分地区出现“拉闸限电”情况，给经济正常运行和居民生活带来影响。核电

---

① 《央视网评丨能源的饭碗必须端在自己手里》，“央视网”百家号，2021 年 10 月 22 日，https://baijiahao.baidu.com/s?id=1714316677950237211&wfr=spider&for=pc。

产业充分发挥核电运行稳定可靠的比较优势，在确保安全的前提下“度电必争、多发满发”，2021 年全年国内核能发电量同比增长 11.17%；核电机组平均利用小时数达到 7777.85 小时，同比增长 4.72%，充分展现了核电在保障能源供应安全中的重要价值。

3. 全球先进核能技术研发持续加强，核能技术创新取得新进展

随着核能在实现碳中和过程中的作用受到重视，各核电大国纷纷加大对核能科技创新的投入力度，积极抢占先进核能技术战略制高点。美国积极研发先进核能系统，加大对新一代先进反应堆技术的研发投入力度，推进小型模块化反应堆和微堆的商业应用。美国能源部近年来分别从示范工程、技术预研、概念探索三个层级支持多种先进堆型研发，如 NuScale 小型堆、Xe-100 高温气冷堆、Natrium 钠冷快堆等。俄罗斯始终坚持先进核能技术研发，加快构建“热堆闭合燃料循环 + 快堆闭合燃料循环”的新型“二元核能体系”，力争实现核能可持续发展。根据俄联邦发布的《2035 年能源战略草案》，俄罗斯将在钠冷快堆 BN-600 和 BN-800 商运的基础上，加快对新一代铅冷快堆技术的突破。法国企业联合研发 Nuward 模块化小堆，用以替代 300~400MWe 级的燃煤电厂。2022 年 2 月，全球规模最大的核聚变反应堆——欧洲联合环状反应堆（JET）的科研团队宣布，JET 在连续 5 秒内产生了 59 兆焦耳（相当于 11 兆瓦电力）的能量，创造了新的世界纪录。

我国高度重视核能科技创新，在《“十四五”能源领域科技创新规划》中专门将安全高效核能技术列为重点任务，在三代核电关键技术优化研究、新一代先进核能系统关键核心技术攻关、推进核能全产业链上下游可持续发展等方面布局一系列集中攻关、示范试验和推广应用任务。在全球核能科技创新激烈竞争的背景下，我国正进一步加强基础研究、强化原始创新，加快实现核能科技自立自强的步伐，不断缩小与国际先进水平的差距。

（二）未来展望

1. 核能将保持平稳有序的发展节奏

随着国家“双碳”目标的持续推进、能源安全新战略的深化落实，核能

将持续积极安全有序发展。预计“十四五”时期，我国将保持每年6~8台核电机组的核准开工节奏，核电装机规模将进一步扩大，发电量将大幅增加。当前，国内权威机构普遍将核能作为我国实现低碳转型发展的必要选项，综合各权威机构的预测，为符合我国实现“双碳”目标的发展要求，支撑我国清洁低碳能源体系和新型电力系统的建设，预计到2035年，核能发电量在我国电力结构中的占比需要达到10%左右；到2060年，核能发电量在我国电力结构中的占比需要达到20%左右，与当前OECD（经济合作与发展组织）成员国的平均水平相当。

2. 核能科技创新将进一步赋能核能产业的高质量发展

我国核能产业将通过加大核能科技创新投入力度、加强基础研发和原始创新，在科技前沿实现产业内涵式高质量发展。自主三代压水堆核电技术将持续改进优化，进一步提升安全性和经济性，形成改进优化的系列机型。高温气冷堆、钠冷快堆有望通过技术创新实现示范项目的推广，并拓展应用场景。铅冷快堆、熔盐堆等先进核能技术的基础科研工作将进一步开展，逐步由概念走向科研示范。聚变技术将持续取得新的突破。天然铀勘查采冶技术、纯化转化技术将朝绿色、低碳、智能、高效方向发展，新型核燃料元件的安全性、高效性、长寿性等指标有望进一步提升，满足先进核能技术的发展需求，燃料循环后段的科技创新将不断加强，绿色化、数字化、智能化技术将推进核能产业全线升级。

3. 核能多用途利用将步入提挡加速期

核能多用途利用将为我国能源体系的清洁低碳转型提供关键驱动力。在山东海阳与浙江海盐一北一南两个核能供暖项目正式投运、辽宁红沿河核能供暖项目进入实质性推进阶段的基础上，预计从2022年开始，将有更多的核电站开展核能供暖应用。随着我国首个工业用途核能供汽工程在江苏田湾开工建设，核能多用途利用领域进一步拓展，商用核电机组正向综合供能领域持续推进。未来，我国将充分发挥模块化小型堆、高温气冷堆、低温供热堆、海上浮动堆等堆型的各自优势，紧密结合用户侧综合能源消费需求，建立集发电、供热（供冷）、制氢、海水淡化等于一体的多能互补、多能联供的区域综合能源系统，实现对石化、钢铁等高耗能、高碳排行业的清洁供能。

4. 因地制宜优化空间布局将推动我国核电均衡发展

未来，核电建设将更加注重与电网布局和区域经济发展相适应，更好地支撑符合我国国情的新型电力系统建设。我国将充分利用现有沿海核电厂址资源积极安全有序推进项目开发，并通过厂址扩建、复用煤电退役厂址等方式增加厂址资源储备。华中地区电力需求将持续增长，而本地基荷电源比重偏小，电力供需矛盾将进一步加剧，预计在条件成熟时，前期工作开展充分的核电厂址将开工建设。西部清洁能源输出省区亦将开展在新能源大基地周边布局核电的可行性论证，为支撑风光等新能源的清洁上网做好准备。届时，我国核能从沿海到内陆、从东部到中西部的空间布局将更加均衡。

5. 我国核能高质量发展的政策环境将更加优化

我国核领域的基础性法律原子能法有望在“十四五”时期出台，为我国核能事业发展提供法律支撑。放射性废物管理法、核损害赔偿法、核电管理条例等法律法规的立法进程将加速，为核能产业发展、核能技术创新和核能国际合作与规范等提供有力指引。技术标准将更加完善，促进核电技术设计优化、规范核能产业链质量要求，保障部件、设备、仪控系统等安全可靠。我国核能标准与国际标准接轨程度有望持续提高，促进核能国际交流与合作持续走实。在积极安全有序发展核电的方针下，广东、广西、福建、海南、江苏、浙江、山东、辽宁等省区均将核电发展列为2022年的重点工作，未来支撑核能高质量发展的政策环境将更加优化。

分 报 告

Topic Reports

B.2
核能科技创新

摘　要： 2021 年，我国核能科技创新取得新的进展。大型先进压水堆“国和一号”在设备材料自主化、三代核电标准体系方面取得新进展。高温气冷堆重大专项围绕示范工程调试运行等相关技术领域继续开展深入研究。“华龙一号”国内外首堆相继投入商运，关键设备自主化研制取得突破，数字化智能化水平不断提升。多用途模块式小型堆科技示范工程开工建设，钠冷快堆、铅冷快堆、熔盐堆等先进核能系统的研发和示范项目正在加紧推进，可控核聚变技术研发取得新突破，自主化核电软件 COSINE 取证工作顺利推进。

关键词： 科技创新　大型压水堆　高温气冷堆　小型堆　核聚变

2021 年，我国核能科技创新取得丰硕成果，大型先进压水堆核电站重大专项稳步推进，国家科技重大专项高温气冷堆核电站示范工程首次实现并网，小型模块化反应堆研发及应用、四代核能系统研发、聚变堆技术研究、核基础科学研究等科技创新工作取得了重要进展。

一　大型先进压水堆“国和一号”CAP1400

“国和一号”是在国家科技重大专项的支持下，由国家电力投资集团牵头，国内 600 多家单位共同攻关，在消化、吸收 AP1000 技术以及全面掌握以非能动安全为标志的三代核电技术的基础上，研究开发的具有我国自主知识产权的大型先进压水堆型号，是我国核电技术实现跨越式发展和国家重大专项自主创新的标志性成果。

（一）设备材料自主化取得新突破

我国自主化核一级设备焊接材料成功实现应用。由上海核工院与四川大西洋焊接材料股份有限公司共同研发的国产低合金钢埋弧焊焊丝焊剂组合和焊条，成功应用于国产核一级设备承压焊缝制造，这是我国在核电关键材料国产化和自主化方面取得的又一重大突破。

辐照后燃料组件及控制棒组件检查技术研究及设备研发取得突破。中国核动力研究设计院研制成功多模块集成化的燃料组件及控制组件综合测量系统，并在全球首堆 AP1000 机组换料大修中实现了工程应用，这一成果对支撑核电站安全运行、助力自主化燃料的设计、改进、优化都具有重要的意义。

自主化核电仪控系统及堆内外核测系统研制成功。应用国产 CPU、FPGA 芯片、操作系统等关键软硬件的新一代安全可控的自主化核电仪控系统——“和睿”系统工程样机已通过试验验证，结果符合设计要求，进入“国和一号”示范工程产品制造阶段。依托重大专项研发并具有自主知识产权的堆内外核测系统研制成功，已开始为“国和一号”示范工程提供产品。

（二）三代核电技术标准体系进一步完善

依托国家科技重大专项课题编制完成各类技术标准 800 余项，具有自主知识产权的三代核电技术标准体系正不断完善。由国家核电（上海核工院）主导编制的国际标准《核电厂—安全重要仪表和控制系统—地震停堆系统准则》（IEC 63186:2021）由国际电工委员会（IEC）正式发布，成为中国核电领域首个正式发布的 IEC 国际标准。

（三）智慧核能综合利用示范项目正式投运

“国和一号 +”智慧核能综合利用示范项目一期工程正式投入运行。该项目依托国家科技重大专项支持，创新性地提出“核能 +”商业模式，集核能供热、海水淡化、核风光储综合智慧能源系统、智慧多能管控平台等于一体，成为全国核电行业首个智慧核能综合利用示范项目。该项目投运后年均增加发电量 600 万度，减少消耗标准煤约 1889 吨，减排二氧化碳 5167 吨。“国和一号 +”智慧核能综合利用示范项目被 2021 年联合国气候变化大会作为典型案例进行宣传。

二　高温气冷堆 HTR-PM

高温气冷堆重大专项由清华大学、华能山东石岛湾核电有限公司、中核能源科技有限公司共同成立的高温气冷堆重大专项总体组负责牵头实施。目前，高温气冷堆重大专项示范工程设计与技术研发类课题和设备研发类课题已全部完成，攻克了多项核心设备制造关键技术，显著提升了我国高温堆核电装备制造业的加工制造及创新能力。

2021 年，高温气冷堆核电站示范工程 1 号反应堆成功实现并网。高温气冷堆重大专项继续围绕示范工程调试、运行、维修、辐射防护等相关技术领域开展深入研究，初步形成了通过科技创新保障核电机组长期安全稳定运行并促进相关产业发展的良好局面。

（一）调试运行能力进一步提升

高温气冷堆核电站示范工程已开展一回路役前压力试验等调试工作，取得一批调试关键技术研究成果，为该示范工程调试并网发电奠定了基础。对蒸汽发生器的管材蠕变性能开展试验研究，为推动高温气冷堆关键设备国产化、提升高温气冷堆关键设备在役检查能力提供了有力支撑。

运行燃料管理能力获得提升。已开发完成运行燃料管理软件系统并完成相关功能模块调试，能够在线跟踪、预测、评价高温气冷堆反应堆状态。该系统在进一步试运行并通过最终验证和认证后，将应用于高温气冷堆运行燃料管理。

针对高温气冷堆投运后面临的运维风险，高温气冷堆核电站示范工程运营单位积极探索解决高温气冷堆在运维领域面临的技术难题。针对高温气冷堆控制棒系统维修开展的技术革新，在该示范工程调试并网发电过程中发挥了重要作用。针对石墨粉尘去污及辐射防护相继研发成功的高辐射剂量场辐射水平监测平台、三维辐射剂量场分析平台均已应用于该示范工程。

（二）设备运维可靠性显著提升

为提高高温气冷堆核电站示范工程的运维可靠性，通过对高温气冷堆各工况下内部事件 PSA（高温气冷堆概率安全分析）等风险模型的开发，完成高温气冷堆设备运维可靠性管理平台开发、测试和完善。通过对高温气冷堆关键敏感设备开展故障模式与影响分析，开发高温气冷堆关键敏感设备预防性维修模板，编制完成《高温气冷堆系统监督》等导则和方案。另外，《高温气冷堆设备可靠性分级识别导则》《全厂系统设备分级清单》《高温气冷堆蒸汽发生器给水处理导则》《陶瓷堆内构件老化管理大纲》等一批适用于高温气冷堆的运维管理文件陆续编制完成。

（三）高温气冷堆后续堆型研发取得进展

大型高温气冷堆确定了百万千瓦关键参数和技术方案，以及超临界常规岛主要设计参数和技术方案。2021 年 9 月，中核集团、清华大学、宝武集团等多家单位发起成立高温气冷堆碳中和制氢技术产业联盟，聚焦关键核心技术展开协同攻关，推动高温气冷堆制氢技术发展。

三　大型先进压水堆“华龙一号”HPR1000

2021年，“华龙一号”在关键设备自主化研制、数字化智能化水平提升、设计方案持续优化及后续型号研发等方面取得重要进展。

（一）关键设备自主化研制取得突破

蒸汽发生器HL-T67研制成功。中国广核集团完成了蒸汽发生器32项专项技术研究、10款专用设计分析软件研发，建立了完整的蒸汽发生器设计技术体系，并通过综合性能试验、流致振动试验等10项试验，全面验证了HL-T67的各项性能。HL-T67已应用于太平岭核电厂一期等工程项目。

安全壳核级闸门自主型号研制成功。在研制过程中相继攻克了法兰连接设计、传动机构设计、智能电控系统设计及泄漏监测收集系统设计等关键技术难题，推出具有自主知识产权的设备闸门、人员闸门。

具有自主知识产权的核功率监测探测器研制成功。作为在反应堆启动阶段唯一能够监测反应堆运行状态的探测设备，核功率监测探测器是支撑反应堆安全可靠运行的重要基础。中核集团中国核动力研究设计院研发团队应用一体化陶瓷封装技术和纳米级探测涂层喷涂工艺，研制出具有自主知识产权的核功率监测探测器，综合指标达到国际先进水平，具备批量化生产能力。

另外，一批关键核心部件，如主蒸汽释放调节阀、高温高压差电动控制阀、核级高温高调节性能电动三通控制阀等相继研发成功，已在太平岭、三澳等“华龙一号”在建核电项目中得到应用。

（二）数字化智能化水平不断提升

积极推动核电项目智慧工地建设。中核集团在“华龙一号”建设中，研究并推广了多项目信息管理、“BIM（建筑信息模型）+核岛建造”、施工碰撞模拟仿真、现场远程监控、自动化数字加工等多项先进技术，核电项目管理能力大幅度提升，推动了核电项目管理数字化智能化水平加速提升，有效保障了重点核电项目按期竣工。自主研发的智慧工地管理平台，对施工过程中涉及的“人、机、料、法、环”等要素实时、动态采集，全面实现施工现场智能化管理。中核集团正在统一部署智慧工地管理平台在漳州、徐大堡、昌江、田湾、三澳等一批核电项目中的全面应用。

深入推进“华龙一号”数字化转型。中国广核集团强化顶层设计，发布核电智慧工地标准化、文档数字化等顶层方案，绘制出“华龙一号”数字化智能化发展蓝图；通过引入 BIM 理念，以全生命周期数据贯通为目标，整合现有设计生产系统，打造生产管理信息系统（PMS），全面开展智慧工地功能模块的应用部署；推进人工智能、自适应自诊断等技术与“华龙一号”融合发展，开展机组一键启停、顺序控制、在线监测预警等技术研发，努力提升“华龙一号”本体的自动化和智能化水平。

（三）设计方案持续优化

积极推动“华龙一号”设计方案持续优化。在首堆示范及批量化建设的基础上，通过示范项目建设、国际项目审评和用户需求调研等方面的经验反馈，对“华龙一号”设计方案实施包括主参数、应急硼化系统在内的 20 余项改进优化，推进“华龙一号”标准化设计。结合具体厂址条件，优化抗震设计基准，开展先进建造技术的研究和应用，着力缩短建造工期，提升经济性。此外，通过开展与首堆有关的仿真验证和实验工作，在系统配置、核岛布置等方面进一步开展改进优化论证，逐步落实到后续的“华龙一号”批量化建设中。在中国核能行业协会的统一组织下，华龙国际核电技术有限公司作为技术责任单位编制完成《华龙系列用户要求文件》（HUR），填补了我国先进压水堆核电用户要求文件的空白。

另外，华龙系列后续型号研发工作也在积极推进。已完成主要专业总体设计要求和准则，为推动相关设计工作的顺利开展奠定了基础。“华龙一号”发展历程见图 1。

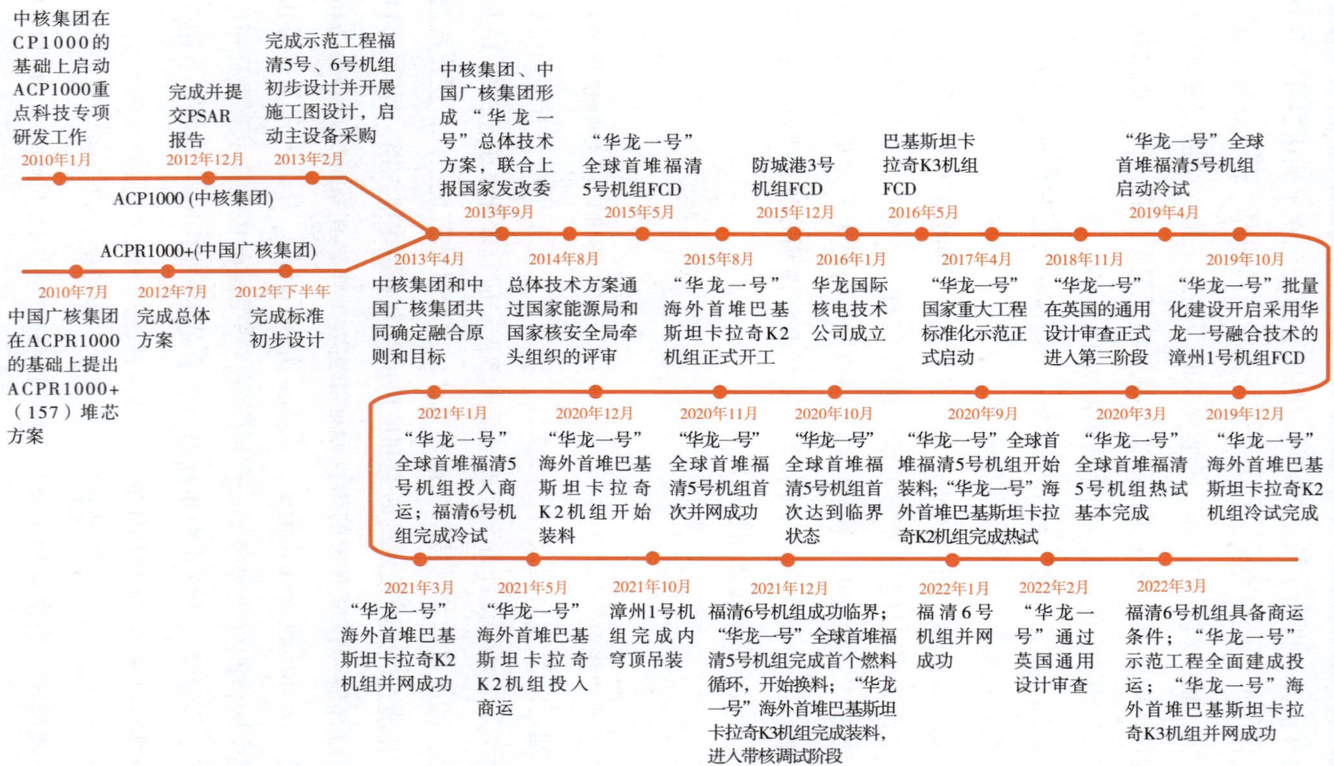

ACP1000 (中核集团)
2010年1月
中核集团在CP1000的基础上启动ACP1000重点科技专项研发工作
2012年12月
完成并提交PSAR报告
2013年2月
完成示范工程福清5号、6号机组初步设计并开展施工图设计，启动主设备采购
ACPR1000+(中国广核集团)
2010年7月
中国广核集团在ACPR1000的基础上提出ACPR1000+（157）堆芯方案
2012年7月
完成总体方案
2012年下半年
完成标准初步设计
2013年4月
中核集团和中国广核集团共同确定融合原则和目标
2013年9月
中核集团、中国广核集团形成“华龙一号”总体技术方案，联合上报国家发改委
2014年8月
总体技术方案通过国家能源局和国家核安全局牵头组织的评审
2015年5月
“华龙一号”全球首堆福清5号机组FCD
2015年8月
“华龙一号”海外首堆巴基斯坦卡拉奇K2机组正式开工
2015年12月
防城港3号机组FCD
2016年1月
华龙国际核电技术公司成立
2016年5月
巴基斯坦卡拉奇K3机组FCD
2017年4月
“华龙一号”国家重大工程标准化示范正式启动
2018年11月
“华龙一号”在英国的通用设计审查正式进入第三阶段
2019年4月
“华龙一号”全球首堆福清5号机组启动冷试
2019年10月
“华龙一号”批量化建设开启采用华龙一号融合技术的漳州1号机组FCD
2019年12月
“华龙一号”海外首堆巴基斯坦卡拉奇K2机组冷试完成
2020年3月
“华龙一号”全球首堆福清5号机组热试基本完成
2020年9月
“华龙一号”全球首堆福清5号机组开始装料；“华龙一号”海外首堆巴基斯坦卡拉奇K2机组完成热试
2020年10月
“华龙一号”全球首堆福清5号机组首次达到临界状态
2020年11月
“华龙一号”全球首堆福清5号机组首次并网成功
2020年12月
“华龙一号”海外首堆巴基斯坦卡拉奇K2机组开始装料
2021年1月
“华龙一号”全球首堆福清5号机组投入商运；福清6号机组完成冷试
2021年3月
“华龙一号”海外首堆巴基斯坦卡拉奇K2机组并网成功
2021年5月
“华龙一号”海外首堆巴基斯坦卡拉奇K2机组投入商运
2021年10月
漳州1号机组完成内穹顶吊装
2021年12月
福清6号机组成功临界；“华龙一号”全球首堆福清5号机组完成首个燃料循环，开始换料；“华龙一号”海外首堆巴基斯坦卡拉奇K3机组完成装料，进入带核调试阶段
2022年1月
福清6号机组并网成功
2022年2月
“华龙一号”通过英国通用设计审查
2022年3月
福清6号机组具备商运条件；“华龙一号”示范工程全面建成投运；“华龙一号”海外首堆巴基斯坦卡拉奇K3机组并网成功

图1 “华龙一号”发展历程

四　小型反应堆

多用途模块式小型堆科技示范工程于2021年7月13日在海南昌江核电站现场正式开工，成为全球首个开工建设的陆上商用模块化小型堆。该示范工程采用中核集团“玲龙一号”技术，发电功率12.5万千瓦，建成后年发电量可达10亿千瓦时，能满足52.6万户家庭生活所需。

海上小堆研发取得积极进展。中国广核集团ACPR50S海上小堆项目初步设计已通过专家审查，关键设备如直流蒸汽发生器、关键泵阀样机等相继制造完成，控制棒驱动机构等关键设备验证性试验基本完成。目前，该项目可研报告已完成提交，正在开展PSAR技术审评和船平台设计审查等工作。此外，国家电投集团针对海洋小堆关键技术也开展了一系列设计、分析和验证工作。

核能供热堆示范项目有序推进。上海核工院研发的200MWt一体化中压供热堆，具有供热、供汽等多种功能，主要应用于北方寒冷地区的集中供暖，可有效解决煤炭供暖造成的环境污染问题，兼具为当地制造业提供工业蒸汽的能力，当前已完成初步设计，正在开展施工设计。国家电投佳木斯核能供热示范项目将以此技术为基础，采用“核能供热+生物质”的商业模式，在保障供热堆安全稳定运行的同时，适应采暖用汽负荷变化，提升供暖可靠性，形成具有商业推广价值的核能供热示范样本。目前，该项目已完成可研工作，正在积极开展项目核准准备工作。中核辽源“燕龙”多用途清洁供热示范工程已被列入吉林省“十四五”规划，同时，中核集团注册成立中核燕龙科技有限公司，标志着“燕龙”泳池式低温供热堆技术进入产业化发展阶段。中国广核集团联合清华大学积极推动NHR200-Ⅱ型一体化壳式供热堆技术应用于贵州玉屏核能供汽示范项目建设。在2020年获批开展前期工作的基础上，该示范项目已完成总体技术方案以及项目两评报告和可研报告编制工作，并全面启动初步设计工作。

中核集团气冷微堆已完成概念设计，固化了总体技术方案，建立了系统级仿真平台。

五　其他先进堆型

（一）钠冷快堆

快堆高性能数值模拟关键技术取得重要突破。由中国原子能科学研究院牵头并联合国内多家单位自主开发的面向快堆型谱的多物理耦合计算系统，成功完成了数千核并行规模的快堆堆芯和堆本体全范围精细化中光子输运计算、全堆芯输运—燃耗耦合计算、核—热子通道耦合计算与核燃料性能耦合分析，为构建我国首个具有完全自主知识产权的钠冷快堆高性能数值模拟系统奠定了应用基础。

另外，中核集团核动力运行研究所攻克快堆仿真关键技术，成功研制了国内首台示范快堆全范围模拟机并提前交付使用。

（二）铅冷快堆

我国自主设计和建造的国内规模最大的铅铋合金自然循环试验装置在中国原子能科学研究院建成。与国际上同类装置相比，该试验装置规模大、运行参数高、适用工况范围广，可模拟实际反应堆的自然循环、强迫循环以及从强迫循环过渡到自然循环等多种工况，能够全面评估反应堆的自然循环能力及非能动余热导出安全性能。目前，基于该试验装置完成了多项重要试验，获得了铅铋快堆冷却剂自然循环的关键试验数据，为我国铅铋快堆工程设计及安全分析提供了重要支撑。

国家电投集团已完成铅冷快堆示范堆百兆瓦总体概念与方案预研，初步掌握关键热工水力现象、关键结构材料、关键设备与部件、抗震与隔震技术、关键设计分析软件等铅冷快堆关键共性技术。建立了高温液态铅铋环境静态浸泡腐蚀试验装置、可持续搅拌腐蚀试验装置、氧含量可控高温液态铅铋环境应力腐蚀疲劳试验装置等铅冷快堆试验装置。

中国科学院核能安全技术研究所完成兆瓦级超小型液态金属冷却空间核反应堆电源设计，对堆芯设计、屏蔽系统设计、系统集成方式等开展优化，突破铅基堆小型化、模块化、智能化瓶颈，研究成果有望在深空深海探测等领域应用。

（三）熔盐堆

2021 年，中国科学院上海应用物理所自主设计的 2MWt 液态燃料钍基熔盐实验堆（TMSR-LF1）工程完成主体装置厂房建设，临堆热室及仪控系统安装启动，实验堆电气贯穿件、堆外中子测量系统等一批关键设备相继通过出厂验收。熔盐实验堆核材料许可证申请已获得国防科工局批准，首批 15 名操纵员取照申请获得国家核安全局批准。

此外，该所研发了适用于热室内干法分离操作的工艺和辅助装置，模拟出堆钍基燃料盐中稀土等主要裂变产物的有效去除、载体盐和钍铀等锕系元素的高效回收和再利用，完成了钍基燃料盐干法分离工艺可行性的冷态验证。研发的 GH3539 合金以及弥散强化镍基合金表现出优异的抗辐照、耐熔盐腐蚀特性，显示其作为熔盐反应堆结构材料的巨大潜力，有望突破熔盐反应堆发展及高效利用的瓶颈。

（四）聚变堆

我国在稳态高参数磁约束聚变研究领域已处于国际前沿。由中国科学院等离子体物理研究所自主设计、研制并完全拥有其知识产权的“东方超环”（EAST）装置，是世界首个全超导托卡马克核聚变实验装置，与国际热核聚变实验堆（ITER）具有类似加热方式和偏滤器结构，具备在百秒量级条件上全面演示和验证 ITER 未来 400 秒科学研究的能力。2021 年，我国 EAST 装置相继实现了可重复的 1.2 亿度 101 秒等离子体运行和 1.6 亿度 20 秒等离子体运行，创造了该类型实验装置运行新的世界纪录；同年 12 月 30 日，我国 EAST 装置又以 1056 秒的长脉冲高参数等离子体运行创造了高温等离子体运行时长的新纪录。另外，由中国科学院等离子体物理研究所联合国内相关单位开展的中国聚变工程实验堆（CFETR）工程设计已完成，其聚变堆主机关键系统综合研究设施（CRAFT）园区工程基本建成，为 CRAFT 主体工程建设和运行奠定了基础。

中核集团核工业西南物理研究院对中国环流器 HL-2A 装置主要部件的升级改造完成。中国环流器 HL-2M 装置通过现场竣工验收，进一步论证了装置实验运行目标的可行性并做好了装置升级建设布局，为后续开展高参数高性能聚变等离子体科学实验奠定了基础。

六　核能基础科研创新

国内首款针对核工业的多质多相流体动力学计算分析软件成功发布。中国核动力研究设计院发布国内首款核工业多质多相流体动力学计算分析软件——麒麟 KILI V1.0，该软件具备国际上广泛使用的计算流体动力学软件的主要功能，可进行棒束通道流动传热、蒸汽喷射冷凝、硼浓度分布等热工现象的高精度数值计算，并可为反应堆的关键部件研发、运行工况优化等研究提供高精度的计算分析。

自主化核电软件 COSINE 取证工作顺利推进。2021 年，国家电投集团自主化核电软件 COSINE 计划提交取证申请的 9 款软件中，已有 8 款提交至国家核安全局，剩余 1 款正在按计划准备。其中，子通道分析软件已完成国家核安全局两轮审评对话及工作单回复；组件参数计算软件、堆芯物理分析软件、中子动力学软件、瞬态与非失水事故分析软件、保守小破口事故分析软件、燃料性能分析软件均已完成第一轮审评问题回复；安全壳压力温度响应分析软件于 2021 年底提交取证申请。

“华龙一号”自主软件取证工作持续推进。中国广核集团已向国家核安全局提交 10 余款“华龙一号”自主堆芯及燃料软件取证申请，涵盖核设计、热工水力与事故分析、燃料行为分析、辐射安全分析等专业领域，其中核设计软件包（PCM）已于 2021 年 5 月通过国家核安全局的审评，获准应用于“华龙一号”项目。

B.3

核电生产运行*

摘　要： 我国商运核电机组装机容量和发电量平稳增长。本报告通过对2021年我国核电机组在装机容量、发电量、核电设备利用小时数、运行安全情况、核能供热情况等方面的最新数据进行梳理，全面展示了我国核电的生产运行情况。截至2021年底，我国新增商运核电机组3台，总数达到51台，装机容量达到5327万千瓦。全年核电发电量同比上升11.17%，达到4071.38亿千瓦时，约占全国总发电量的4.8%。全年核电设备利用小时数、商运核电机组平均能力因子分别为7777.85小时、92.27%。各核电厂安全稳定运行，全年未发生INES 1级及以上的运行事件。我国核电机组WANO综合指数的满分机组比例达到70.83%，平均值为97.83，均高于世界主要核电国家，同时高于世界平均水平。2021年，我国核能供热也开始示范推广。

关键词： 核电发电　核电运行　核电设备利用小时数　WANO综合指数

截至2021年12月31日，我国商运核电机组总数达到51台，装机容量达到5327万千瓦，位列全球第三，仅次于美国、法国。2021年，我国核电发电量为4071.41亿千瓦时①，仅次于美国，位列全球第二，与2020年相比上升了11.17%。

* 本报告商运核电机组概况在《2019年核能发展蓝皮书》、《2020年核能发展蓝皮书》和《2021年核能发展蓝皮书》的基础上更新。

① 2021年核电机组发电量、上网电量及下文所述核电设备利用小时数均自核电机组首次并网后统计。

一　商运核电机组

2021 年，我国新增商运核电机组 3 台，分别为福清核电 5 号机组、田湾核电 6 号机组与红沿河核电 5 号机组。截至 2021 年底我国投入商运的核电机组情况见表 1；1994~2021 年我国新增商运核电机组数量及装机容量见图 1；1994~2021 年我国累计商运核电机组数量及装机容量见图 2。

表 1　截至 2021 年底我国投入商运的核电机组情况

单位：MWe

核电机组	堆型	装机容量	首次并网时间	商运时间	位置
秦山一期	压水堆	330	1991 年 12 月 15 日	1994 年 4 月 1 日	浙江海盐
大亚湾 1 号	压水堆	984	1993 年 8 月 31 日	1994 年 2 月 1 日	广东深圳
大亚湾 2 号	压水堆	984	1994 年 2 月 7 日	1994 年 5 月 6 日	广东深圳
秦山二期 1 号	压水堆	650	2002 年 2 月 6 日	2002 年 4 月 15 日	浙江海盐
秦山二期 2 号	压水堆	650	2004 年 3 月 11 日	2004 年 5 月 3 日	浙江海盐
秦山二期 3 号	压水堆	660	2010 年 8 月 1 日	2010 年 10 月 5 日	浙江海盐
秦山二期 4 号	压水堆	660	2011 年 11 月 25 日	2011 年 12 月 30 日	浙江海盐
秦山三期 1 号	重水堆	728	2002 年 11 月 19 日	2002 年 12 月 31 日	浙江海盐
秦山三期 2 号	重水堆	728	2003 年 6 月 12 日	2003 年 7 月 24 日	浙江海盐
方家山 1 号	压水堆	1089	2014 年 11 月 4 日	2014 年 12 月 15 日	浙江海盐
方家山 2 号	压水堆	1089	2015 年 1 月 12 日	2015 年 2 月 12 日	浙江海盐
岭澳 1 号	压水堆	990	2002 年 2 月 26 日	2002 年 5 月 28 日	广东深圳
岭澳 2 号	压水堆	990	2002 年 9 月 14 日	2003 年 1 月 8 日	广东深圳
岭澳 3 号	压水堆	1086	2010 年 7 月 15 日	2010 年 9 月 15 日	广东深圳
岭澳 4 号	压水堆	1086	2011 年 5 月 3 日	2011 年 8 月 7 日	广东深圳
田湾 1 号	压水堆	1060	2006 年 5 月 12 日	2007 年 5 月 17 日	江苏连云港
田湾 2 号	压水堆	1060	2007 年 5 月 14 日	2007 年 8 月 16 日	江苏连云港
田湾 3 号	压水堆	1126	2017 年 12 月 30 日	2018 年 2 月 15 日	江苏连云港
田湾 4 号	压水堆	1126	2018 年 10 月 27 日	2018 年 12 月 22 日	江苏连云港
田湾 5 号	压水堆	1118	2020 年 8 月 8 日	2020 年 9 月 8 日	江苏连云港

续表

核电机组	堆型	装机容量	首次并网时间	商运时间	位置
田湾 6 号	压水堆	1118	2021 年 5 月 11 日	2021 年 6 月 2 日	江苏连云港
红沿河 1 号	压水堆	1118.79	2013 年 2 月 17 日	2013 年 6 月 6 日	辽宁瓦房店
红沿河 2 号	压水堆	1118.79	2013 年 11 月 23 日	2014 年 5 月 13 日	辽宁瓦房店
红沿河 3 号	压水堆	1118.79	2015 年 3 月 23 日	2015 年 8 月 16 日	辽宁瓦房店
红沿河 4 号	压水堆	1118.79	2016 年 4 月 1 日	2016 年 6 月 8 日	辽宁瓦房店
红沿河 5 号	压水堆	1118.79	2021 年 6 月 25 日	2021 年 7 月 31 日	辽宁瓦房店
宁德 1 号	压水堆	1089	2012 年 12 月 28 日	2013 年 4 月 15 日	福建宁德
宁德 2 号	压水堆	1089	2014 年 1 月 4 日	2014 年 5 月 4 日	福建宁德
宁德 3 号	压水堆	1089	2015 年 3 月 21 日	2015 年 6 月 10 日	福建宁德
宁德 4 号	压水堆	1089	2016 年 3 月 29 日	2016 年 7 月 21 日	福建宁德
阳江 1 号	压水堆	1086	2013 年 12 月 31 日	2014 年 3 月 25 日	广东阳江
阳江 2 号	压水堆	1086	2015 年 3 月 10 日	2015 年 6 月 5 日	广东阳江
阳江 3 号	压水堆	1086	2015 年 10 月 18 日	2016 年 1 月 1 日	广东阳江
阳江 4 号	压水堆	1086	2017 年 1 月 8 日	2017 年 3 月 15 日	广东阳江
阳江 5 号	压水堆	1086	2018 年 5 月 23 日	2018 年 7 月 12 日	广东阳江
阳江 6 号	压水堆	1086	2019 年 6 月 29 日	2019 年 7 月 24 日	广东阳江
福清 1 号	压水堆	1089	2014 年 8 月 20 日	2014 年 11 月 19 日	福建福清
福清 2 号	压水堆	1089	2015 年 8 月 6 日	2015 年 10 月 16 日	福建福清
福清 3 号	压水堆	1089	2016 年 9 月 7 日	2016 年 10 月 24 日	福建福清
福清 4 号	压水堆	1089	2017 年 7 月 29 日	2017 年 9 月 17 日	福建福清
福清 5 号	压水堆	1161	2020 年 11 月 27 日	2021 年 1 月 30 日	福建福清
昌江 1 号	压水堆	650	2015 年 11 月 7 日	2015 年 12 月 25 日	海南昌江
昌江 2 号	压水堆	650	2016 年 6 月 20 日	2016 年 8 月 12 日	海南昌江
防城港 1 号	压水堆	1086	2015 年 10 月 25 日	2016 年 1 月 1 日	广西防城港
防城港 2 号	压水堆	1086	2016 年 7 月 15 日	2016 年 10 月 1 日	广西防城港
三门 1 号	压水堆	1251	2018 年 6 月 30 日	2018 年 9 月 21 日	浙江三门
三门 2 号	压水堆	1251	2018 年 8 月 24 日	2018 年 11 月 5 日	浙江三门
海阳 1 号	压水堆	1253	2018 年 8 月 17 日	2018 年 10 月 22 日	山东海阳
海阳 2 号	压水堆	1253	2018 年 10 月 13 日	2019 年 1 月 9 日	山东海阳
台山 1 号	压水堆	1750	2018 年 6 月 29 日	2018 年 12 月 13 日	广东台山
台山 2 号	压水堆	1750	2019 年 6 月 23 日	2019 年 9 月 7 日	广东台山

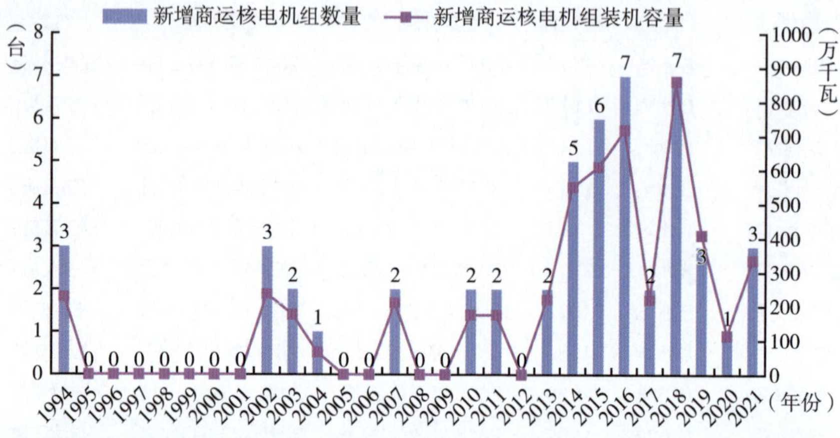

图 1　1994~2021 年我国新增商运核电机组数量及装机容量

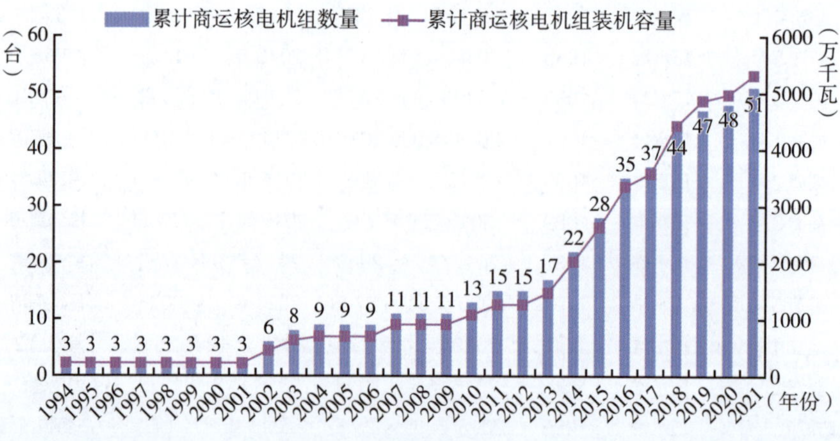

图 2　1994~2021 年我国累计商运核电机组数量及装机容量

我国投入商运的核电机组分布在沿海的 8 个省区，从北至南依次为辽宁、山东、江苏、浙江、福建、广东、广西和海南。2021 年我国 8 个省区商运核电机组数量及装机容量见图 3；2021 年我国 8 个省区商运核电机组装机容量占全国核电机组装机容量的比重见图 4。

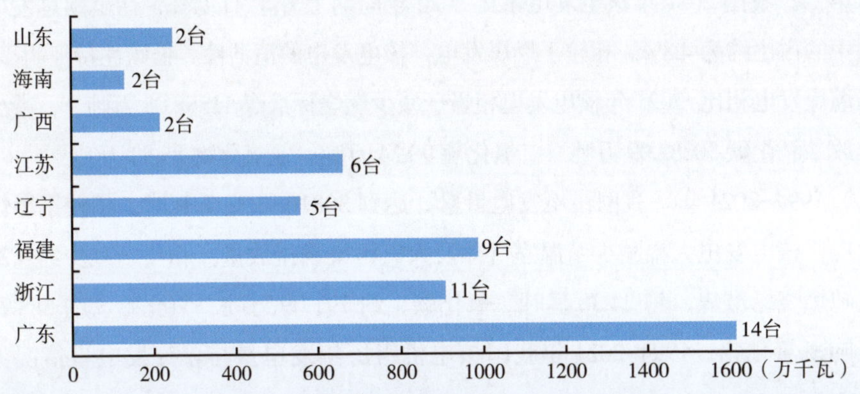

图 3　2021 年我国 8 个省区商运核电机组数量及装机容量

说明：柱状图上方数据为商运核电机组数量，柱状图代表装机容量。

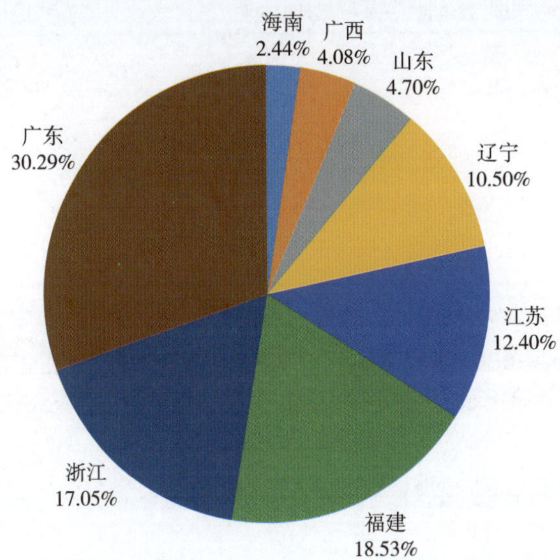

图 4　2021 年我国 8 个省区商运核电机组装机容量占全国核电机组装机容量的比重

二　核电发电量

2021 年，我国全年核电发电量为 4071.38 亿千瓦时，仅次于美国，位居全球第二。我国 2021 年核电发电量比 2020 年同期上升了 11.17%，在全国总发电量中的占比约为 4.8%。相较于燃煤发电，核电发电的清洁性、低碳性特征明显。与燃煤发电相比，2021 年核电发电相当于减少燃烧标准煤 11558.05 万吨[①]，减少排放二氧化碳 30282.09 万吨、二氧化硫 98.24 万吨、氮氧化物 85.53 万吨[②]。

1994~2021 年，我国核电发电量累计达到 30810.91 亿千瓦时。相较于燃煤发电，核电发电大幅减少了温室气体及大气污染物排放量，相当于减少约 9.28 亿吨燃烧标准煤、约 24.38 亿吨二氧化碳、约 791.09 万吨二氧化硫、约 688.72 万吨氮氧化物。1994~2021 年我国核电机组历年发电量与累计发电量情况见图 5。

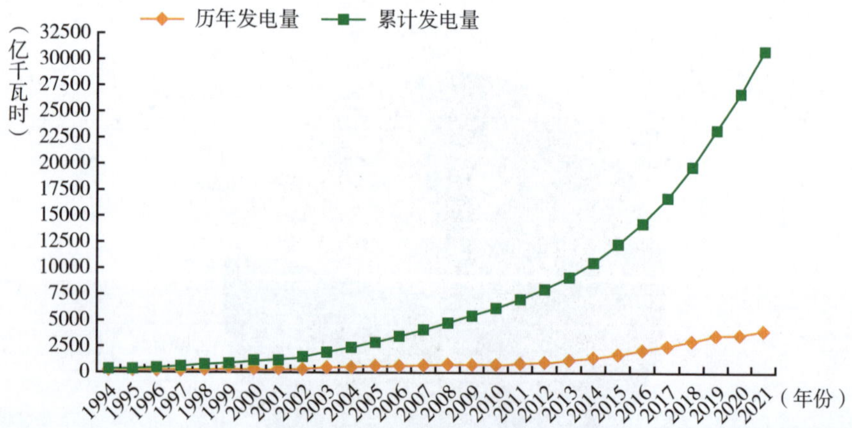

图 5　1994~2021 年我国核电机组历年发电量与累计发电量情况

2012~2021 年，我国核电发电量与上网电量均逐年提升（见图 6）。2021 年我国核电发电量、上网电量及核电设备利用小时数情况见表 2。2021 年，我

① 国家能源局 2022 年 1 月 26 日发布的信息显示，2021 年我国火电供电煤耗为 302.5 克标准煤 / 千瓦时。

② 减排计算方法来源于我国火电行业通用计算标准，按照工业锅炉每燃烧 1 吨标准煤产生二氧化碳 2620 千克、二氧化硫 8.5 千克、氮氧化物 7.4 千克计算。

国核电市场化交易电量1217.7亿千瓦时，占核电上网电量的比重为31.87%，中核集团、中国广核集团的核电上网电量占比分别达到38.37%、36.24%。

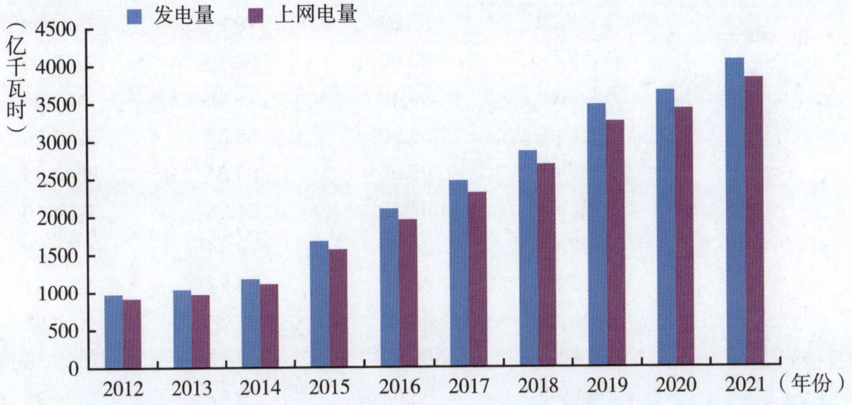

图6　2012~2021年我国核电发电量与上网电量

表2　2021年我国核电发电量、上网电量及核电设备利用小时数情况

单位：亿千瓦时，小时

核电厂/机组		发电量	上网电量	核电设备利用小时数
秦山核电厂	1号机组	27.45	25.60	8317.75
大亚湾核电厂	1号机组	77.59	74.22	7885.16
	2号机组	87.08	83.21	8849.59
秦山第二核电厂	1号机组	53.41	50.24	8216.58
	2号机组	57.73	54.07	8880.97
	3号机组	51.06	47.88	7736.65
	4号机组	52.09	48.83	7892.15
岭澳核电厂	1号机组	77.63	74.42	7841.41
	2号机组	85.02	81.43	8587.88
	3号机组	77.69	73.12	7153.78
	4号机组	78.33	73.71	7212.71
秦山第三核电厂	1号机组	54.87	50.74	7537.47
	2号机组	60.84	56.08	8356.81

续表

核电厂 / 机组		发电量	上网电量	核电设备利用小时数
田湾核电站	1 号机组	81.29	75.96	7669.23
	2 号机组	85.59	79.72	8074.81
	3 号机组	85.89	79.96	7628.08
	4 号机组	93.00	86.10	8259.09
	5 号机组	80.48	75.38	7198.65
	6 号机组	58.90	55.31	5268.26
红沿河核电厂	1 号机组	95.65	89.81	8549.01
	2 号机组	87.12	81.95	7787.19
	3 号机组	84.60	79.44	7561.90
	4 号机组	88.59	83.28	7918.61
	5 号机组	40.28	37.79	3600.58
宁德核电厂	1 号机组	85.92	80.57	7889.38
	2 号机组	85.64	80.57	7864.37
	3 号机组	86.39	81.29	7933.37
	4 号机组	94.99	89.12	8722.82
福清核电厂	1 号机组	86.77	81.27	7967.88
	2 号机组	81.48	76.32	7482.49
	3 号机组	77.25	72.27	7093.91
	4 号机组	90.25	84.69	8287.78
	5 号机组	88.47	82.78	7620.41
阳江核电厂	1 号机组	84.20	79.31	7753.60
	2 号机组	93.29	87.84	8590.67
	3 号机组	83.14	78.05	7655.20
	4 号机组	84.81	79.77	7809.85
	5 号机组	87.16	81.96	8026.03
	6 号机组	90.67	85.22	8349.23
方家山核电厂	1 号机组	94.30	88.62	8659.76
	2 号机组	81.18	76.53	7454.38
三门核电厂	1 号机组	101.30	94.50	8097.39
	2 号机组	98.51	91.94	7874.19
海阳核电厂	1 号机组	97.71	91.32	7798.48
	2 号机组	99.36	92.79	7930.14
台山核电厂	1 号机组	81.29	76.17	4645.08
	2 号机组	116.20	108.70	6639.83

续表

核电厂 / 机组		发电量	上网电量	核电设备利用小时数
昌江核电厂	1 号机组	48.28	44.68	7428.41
	2 号机组	49.35	45.73	7591.57
防城港核电厂	1 号机组	86.82	81.68	7994.60
	2 号机组	94.44	88.88	8695.78
石岛湾核电厂	1 号机组	0.03	0.01	11.94
合计值 / 整体值		4071.38	3820.84	7777.85

注：数据来源于中国核电营运信息网（CINNO）。各核电厂按照其首台机组在国际原子能机构动力堆信息系统（IAEA-PRIS）中的 CN 号（机组统一编号）先后顺序进行排序。数据中包含已并网未商运机组的发电量和上网电量。

2020~2021 年 1~12 月我国核电月度发电量和累计发电量对比情况如图 7 所示。2000~2021 年我国电力结构变动情况如图 8 所示。2021 年，我国核电发电量再创历史新高，然而在发电量占比方面，与法国（70.6%，2020 年）、韩国（29.6%，2020 年）、美国（19.7%，2020 年）、加拿大（14.6%，2020 年）等国家以及全球平均水平（10.3%，2020 年）相比，我国核电发电量占比（仅为 4.8%）仍然较低，我国核电还有巨大的发展空间。

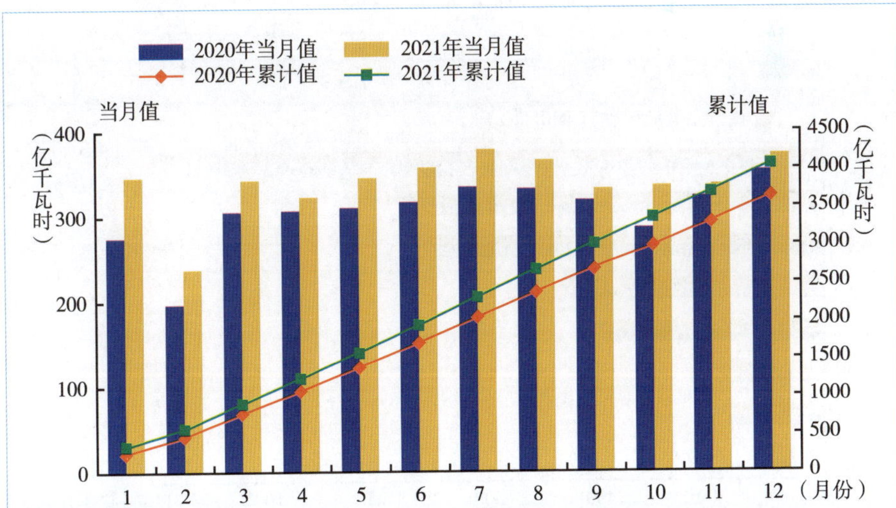

图 7　2020~2021 年 1~12 月我国核电月度发电量和累计发电量对比情况

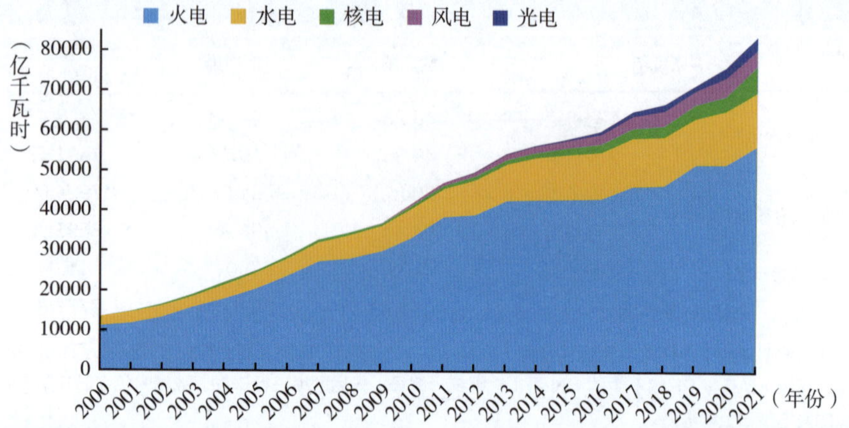

图 8 2000~2021 年我国电力结构变动情况

2021 年，在我国有核电运行的 8 个省区中，广东的核电发电量与上网电量均位居第一，分别达到 1204.1 亿千瓦时和 1137.13 亿千瓦时。福建的核电发电量与上网电量均位居第二，浙江、江苏、辽宁、山东、广西和海南分列第 3~8 位。2021 年我国 8 个省区核电发电量与上网电量见图 9；2021 年我国 8 个省区核电发电量在全国核电发电总量中的占比情况见图 10。

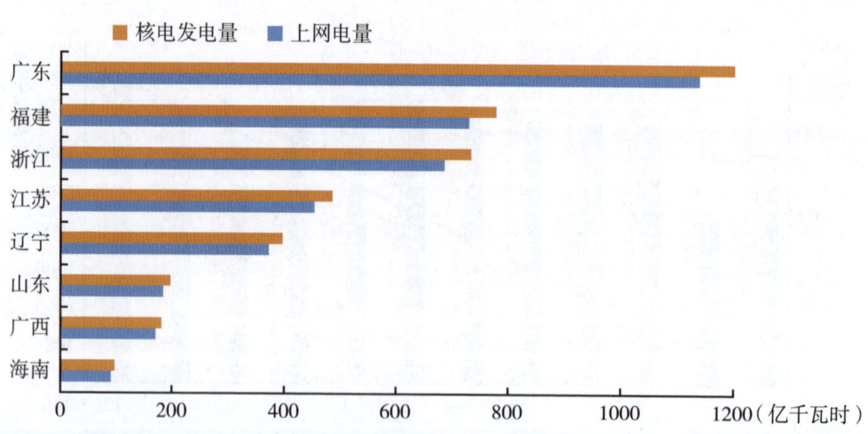

图 9 2021 年我国 8 个省区核电发电量与上网电量

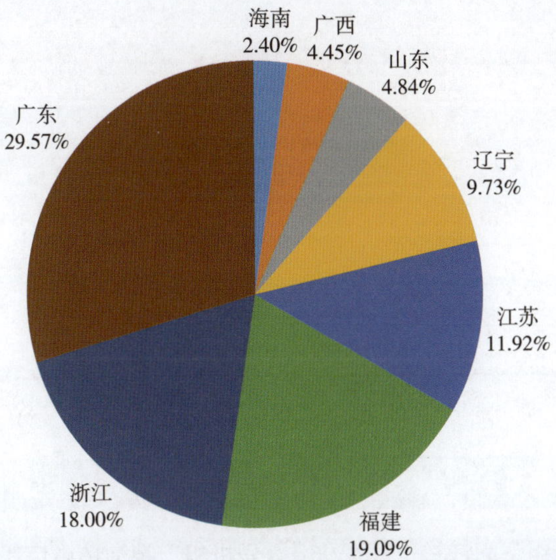

图 10　2021 年我国 8 个省区核电发电量在全国核电发电总量中的占比情况

三　核电设备利用小时数

2005~2021 年我国核电设备利用小时数如图 11 所示。2021 年，我国核电设备利用小时数为 7777.85 小时，同比上升 4.72%；商运核电机组平均能力因子[①]为 92.27%，同比大幅上升 9.13%。

表 2 还展示了 2021 年我国核电设备利用小时数情况。2021 年，全国 51 台商运机组中，有 30 台商运机组的核电设备利用小时数高于全国平均水平，约占商运机组总数的 58.82%，其中，秦山核电厂 1 号机组、方家山核电厂 1 号机组、秦山第二核电厂 1、2 号机组、秦山第三核电厂 2 号机组、岭澳核电厂 2 号机组、大亚湾核电厂 2 号机组、田湾核电厂 2、4 号机组、宁德核电厂 4 号机组、红沿

① 核电设备可利用率也称为机组能力因子，是指一定时期内可用发电量与同一时期内额定发电量之比，用百分数表示，机组能力因子反映电厂管理在优化计划停堆活动和降低非计划能量损失方面的综合效果。核电设备平均利用率也称为机组负荷因子，是指一定时期内机组的实际发电量与同一时期内额定发电量之比，用百分数表示，它既与核电设备可利用率（在 WANO 指标体系中称为“机组能力因子”）有关，又与电网对核电输出电量的消纳状况有关。

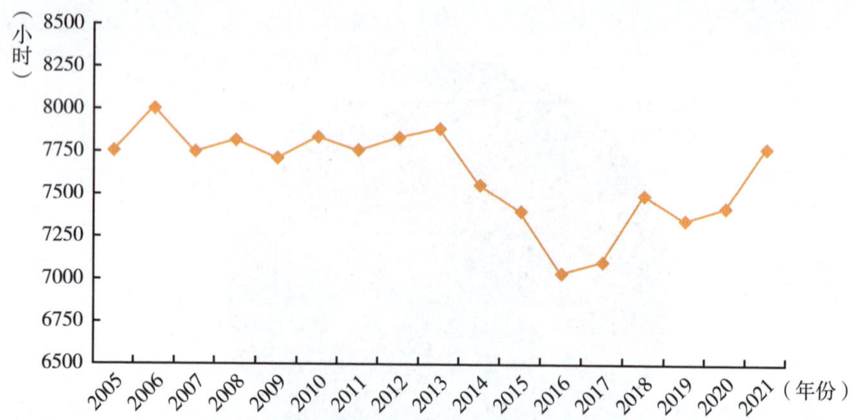

图 11　2005~2021 年我国核电设备利用小时数

河核电厂 1 号机组、阳江核电厂 2、5、6 号机组、福清核电厂 4 号机组、三门核电厂 1 号机组、防城港核电厂 2 号机组等 17 台商运机组的核电设备利用小时数均高于 8000 小时，占商运机组总数的 33.33%。2021 年我国商运核电机组平均能力因子情况如图 12 所示。

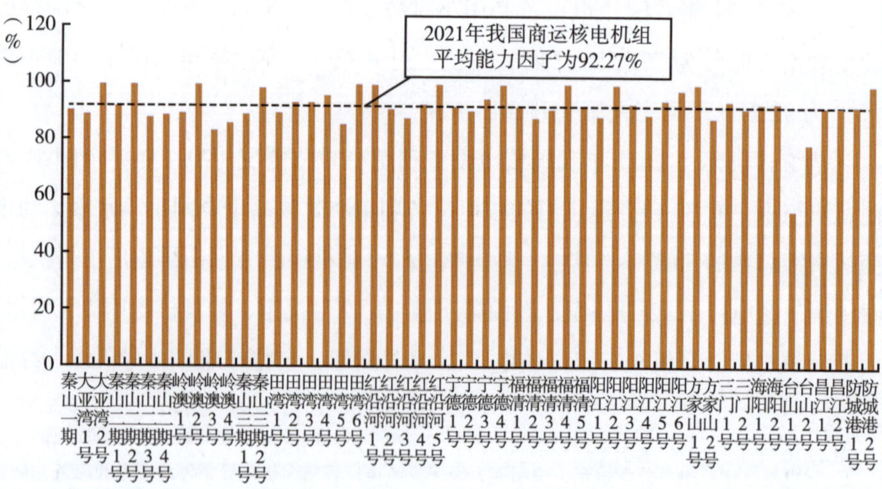

图 12　2021 年我国商运核电机组平均能力因子情况

四　商运核电机组运行安全情况

2021 年，我国各运行核电厂严格控制机组的运行风险，未发生国际核事件分级（INES）①1 级及以上的运行事件；未发生一般及以上辐射污染事件；未发生较大及以上安全生产事件；未发生一般及以上环境事件；未发生职业病危害事故及职业性超剂量照射事故。

我国各运行核电厂严格遵守国家环境保护法规、环境辐射监测标准以及国家核安全局批准的排放限值，对放射性流出物的排放量进行了严格控制，对各运行核电厂周围的环境辐射进行了有效监测。2021 年历月放射性流出物排放量统计结果表明，我国各运行核电厂放射性流出物排放量均低于国家核安全局批准的限值。2021 年历月环境辐射监测数据表明，各运行核电基地外围监督性监测自动站测出的环境空气吸收剂量率在当地本底辐射水平正常范围内，未监测到核电机组运行引起的异常。

根据世界核电运营者协会（WANO）发布的 2021 年核电机组关键业绩性能指标②数据，中国核电厂满足WANO综合指数计算条件的48台核电机组中，达到 WANO 综合指数满分（100 分）的核电机组有 34 台（见表 3）。

表 3　2021 年中国及世界主要核电国家运行核电机组 WANO 综合指数分布

单位：台

指数分段	世界	中国	美国	俄罗斯	法国	韩国
100 分	77	34	32	2	0	0
90~99 分	121	11	43	12	3	8
80~89 分	88	1	13	12	9	11
70~79 分	56	1	2	7	19	3
0~69 分	51	1	3	1	25	1

① 国际核事件分级表把核事故分为 7 级，其中将对安全没有影响的事故划分为 0 级，影响最大的事故被评定为 7 级，1~3 级被称为核事件，4~7 级被称为核事故。

② 目前，WANO 评价核电机组关键业绩性能的指标有 14 项，分别是机组能力因子、非计划能力损失因子、强迫损失率、电网相关损失因子、临界 7000 小时非计划自动停堆次数、临界 7000 小时非计划停堆次数、高压安注系统性能、辅助给水系统性能、应急交流电系统性能、燃料可靠性、化学指标、集体辐照剂量、工业安全事故率和承包商工业安全事故率。

与世界主要核电国家相比，我国核电机组的 WANO 综合指数满分机组比例和 WANO 综合指数平均值均高于美国、俄罗斯、法国、韩国等主要核电国家，同时高于世界平均水平（见表 4）。

表 4　2021 年中国及世界主要核电国家核电机组 WANO 综合指数对比情况

单位：台，%

	世界	中国	美国	俄罗斯	法国	韩国
有效机组数量	393	48	93	34	56	23
满分机组数量	77	34	32	2	0	0
满分机组比例	19.59	70.83	34.41	5.88	0	0
平均值	86.98	97.83	95.03	87.23	71.25	86.57

五　核能供热情况

在核能发电量与上网电量逐年增长的同时，我国核能供热也开始示范推广，拓展了核能综合利用的应用场景。

2021 年 11 月，国家能源核能供热商用示范工程二期 450 万平方米项目在山东省海阳市正式投入运行。该项目的供暖面积可覆盖海阳市全城区，惠及 20 万户居民。该项目取代了当地 12 台燃煤锅炉，使海阳市成为全国首个“零碳”供暖城市。截至 2021 年底，该项目在首个供暖季累计对外供热约 70 万吉焦，相当于节约原煤约 5.95 万吨，每年可减排各类污染物，其中减排烟尘约 413 吨、氮氧化物约 671.3 吨、二氧化硫约 709.8 吨，环保效益显著。

2021 年 12 月，我国南方地区首个核能供热项目——浙江海盐核能供热示范工程（一期）正式投运。该项目的供暖面积达 46 万平方米，惠及近 4000 户居民。预计到“十四五”时期末，该项目将全部建成，能够满足海盐县约 400 万平方米的供暖需求。据测算，该项目全部建成投运后，相较于南方地区的电取暖方式，每年可节约电能 1.96 亿度，将对在我国南方地区建设大规模集中供热项目起到良好的示范作用。

B.4
核电工程建设

摘　要： 截至2021年底，我国在建核电机组20台，总装机容量2142万千瓦，在建机组装机容量继续保持全球第一，其中2021年新开工核电机组6台。2021年，我国在建核电工程整体稳步推进，项目在安全、质量、技术、环境保护等方面均得到有效控制。

关键词： 核电工程　核电建设　核电机组

截至2021年底，我国在建核电机组20台，总装机容量2142万千瓦，2021年核电基本建设投资完成538亿元①。在建核电机组包括：石岛湾核电厂高温气冷堆核电站示范工程，红沿河核电厂6号机组，福清核电厂6号机组，防城港核电厂3、4号机组，霞浦示范快堆工程1、2号机组，国核示范工程1、2号机组，漳州核电厂1、2号机组，太平岭核电厂1、2号机组，三澳核电厂1、2号机组，昌江核电厂3、4号机组，田湾核电厂7号机组，海南昌江小堆示范工程和徐大堡核电厂3号机组。其中2021年新开工核电机组6台，分别是昌江核电厂3、4号机组，田湾核电厂7号机组，海南昌江小堆示范工程，徐大堡核电厂3号机组和三澳核电厂2号机组。

① 引自国家能源局发布的2021年全国电力工业统计数据。

一　石岛湾核电厂高温气冷堆核电站示范工程

（一）项目概况[①]

石岛湾核电厂位于山东省荣成市石岛管理区宁津镇（见表 1），规划 1 台 20 万千瓦高温气冷堆核电站示范工程、6 台百万千瓦级商用压水堆机组。华能山东石岛湾核电厂高温气冷堆核电站示范工程（以下简称“示范工程”）于 2006 年 2 月被列为《国家中长期科学和技术发展规划纲要（2006—2020 年）》中的 16 个重大专项之一。2008 年 2 月 15 日，国务院常务会议批准了《高温气冷堆核电站重大专项总体实施方案》，示范工程进入启动实施阶段。

表 1　石岛湾核电厂高温气冷堆核电站示范工程项目概况

单位：MWe

业主单位	华能山东石岛湾核电有限公司
主要股东	华能核电开发有限公司、核建高温堆控股有限公司、清华控股有限公司
厂址	山东省荣成市石岛管理区宁津镇
机组堆型	球床模块式高温气冷堆
设计功率	211
开工日期	2012 年 12 月 9 日
计划完工日期	2022 年 4 月 5 日

（二）2021年项目进展

示范工程 1 号反应堆于 2021 年 8 月 21 日启动装料，9 月 12 日实现首次临界，已完成零功率物理试验、低功率物理试验及汽轮机组首次核蒸汽冲转试验等一系列重要试验，并于 2021 年 12 月 20 日成功并网发电；2 号反应堆于 2021 年 9 月 30 日启动装料，2021 年 11 月 11 日实现首次临界，标志着示范工程进入双堆功率运行阶段。2021 年石岛湾核电厂高温气冷堆核电站工程节点见表 2。

① 本部分内容除部分机组“计划完工日期”根据实际情况调整外，其余资料引自历年《核能发展蓝皮书》。

表 2　2021 年石岛湾核电厂高温气冷堆核电站工程节点		
机组	工程节点	完成时间
石岛湾核电厂高温气冷堆	首批燃料元件到场	2021 年 1 月 16 日
	首台（1 号堆）反应堆热态性能试验	2021 年 2 月 10 日
	第二台（1 号堆）反应堆热态性能试验	2021 年 3 月 29 日
	首台（1 号堆）反应堆首次装料	2021 年 8 月 21 日
	首台（1 号堆）反应堆首次临界	2021 年 9 月 12 日
	第二台（2 号堆）反应堆首次装料	2021 年 9 月 30 日
	第二台（2 号堆）反应堆首次临界	2021 年 11 月 11 日
	汽轮机组首次核蒸汽冲转试验	2021 年 12 月 9 日
	首台（1 号堆）反应堆首次并网	2021 年 12 月 20 日

二　红沿河核电厂 5、6 号机组

（一）项目概况

辽宁红沿河核电厂位于辽宁省瓦房店市红沿河镇东岗村，是东北地区首座核电站，也是“十一五”期间国家首个核准开工的核电项目，规划建设 6 台百万千瓦级核电机组，其中一期工程 4 台机组采用 CPR1000 核电技术，已于 2016 年建成投产。二期工程 2 台机组采用 ACPR1000 核电技术，其中 5 号机组已于 2021 年 7 月 31 日具备商业运行条件，6 号机组计划于 2022 年上半年完工（见表 3）。

表 3　红沿河核电厂 5、6 号机组项目概况 单位：MWe	
业主单位	辽宁红沿河核电有限公司
主要股东	中广核核电投资有限公司、中电投核电有限公司、大连市建设投资集团有限公司
厂址	辽宁省瓦房店市红沿河镇东岗村
机组机型	ACPR1000
设计功率	1119
开工日期	5 号机组：2015 年 3 月 31 日 6 号机组：2015 年 7 月 24 日
计划完工日期	5 号机组：2020 年 5 月 31 日（实际 2021 年 7 月 31 日） 6 号机组：2021 年 1 月 31 日（调整为 2022 年上半年）

（二）2021年项目进展

红沿河核电厂二期工程总体完成率为99.11%，5号机组于2021年7月31日按计划投入商业运行；6号机组于2021年热试结束，具备装料检查条件。2021年红沿河核电厂5、6号机组工程节点见表4。

表4 2021年红沿河核电厂5、6号机组工程节点

机组	工程节点	完成时间
5号机组	装料	2021年5月15日
	首次临界	2021年6月13日
	首次并网	2021年6月25日
	商运	2021年7月31日
6号机组	热试开始	2021年7月11日

三 福清核电厂5、6号机组

（一）项目概况

福清核电厂位于福建省福清市三山镇前薛村，项目规划建设6台百万千瓦级压水堆核电机组，一次规划、分期连续建设。1~4号机组采用二代改进型核电技术，已全面建成投产。5、6号机组采用具有我国自主知识产权的三代核电技术“华龙一号”，5号机组于2015年5月7日开工建设，6号机组于2015年12月22日开工建设（见表5）。

表5 福清核电厂5、6号机组项目概况

单位：MWe

业主单位	福建福清核电有限公司
主要股东	中国核能电力股份有限公司、华电福新能源股份有限公司、福建省投资开发集团有限责任公司
厂址	福建省福清市三山镇前薛村
机组机型	HPR1000

续表

设计功率	1150
开工日期	5 号机组：2015 年 5 月 7 日 6 号机组：2015 年 12 月 22 日
计划完工日期	5 号机组：2020 年 7 月 08 日（实际 2021 年 1 月 30 日） 6 号机组：2021 年 4 月 30 日（实际 2022 年 3 月 25 日）

（二）2021年项目进展

福清核电厂 6 号机组处于调试阶段，于 2021 年 11 月 6 日首次装料，2021 年 12 月 12 日首次临界，计划于 2022 年具备商运条件。2021 年福清核电厂 6 号机组工程节点见表 6。

表 6　2021 年福清核电厂 6 号机组工程节点

机组	工程节点	完成时间
6 号机组	冷试完成	2021 年 1 月 11 日
	热试开始	2021 年 4 月 20 日
	热试完成	2021 年 6 月 24 日
	首次装料	2021 年 11 月 6 日
	首次临界	2021 年 12 月 12 日

四　防城港核电厂 3、4 号机组

（一）项目概况

防城港核电厂位于广西壮族自治区防城港市光坡镇，是我国在西部地区和少数民族地区开工建设的首个核电项目。规划建设 6 台百万千瓦级核电机组，其中一期工程采用 CPR1000 技术，建设 2 台单机容量为 108 万千瓦的压水堆核电机组，目前已建成投产。二期工程采用“华龙一号”技术，其中 3 号机组于 2015 年 12 月 23 日开工建设，4 号机组于 2016 年 12 月 24 日开工建设（见表 7）。三期工程将继续采用“华龙一号”技术，目前正在开展前期工作。

表 7　防城港核电厂 3、4 号机组项目概况

单位：MWe

业主单位	广西防城港核电有限公司
主要股东	中国广核集团有限公司、广西投资集团有限公司
厂址	广西壮族自治区防城港市光坡镇
机组机型	CPR1000（1、2 号机组），“华龙一号”（3、4 号机组）
设计功率	1086（1、2 号机组），1180（3、4 号机组）
开工日期	3 号机组：2015 年 12 月 23 日 4 号机组：2016 年 12 月 24 日
计划完工日期	3 号机组：2021 年 10 月 31 日（调整为 2022 年下半年） 4 号机组：2022 年 6 月 30 日（调整为 2024 年上半年）

（二）2021年项目进展

防城港核电厂 3 号机组混凝土工程量累计完成 96.82%；安装累计完成 757.22 万点，累计完成率为 89.46%；4 号机组处于土建结构施工高峰阶段，核岛混凝土工程量累计完成 72.37%。3 号机组核回路清洗、冷态试验、安全壳压力试验完成；常规岛汽轮发电机组盘车可用，热抽真空试验完成。4 号机组完成安全壳穹顶吊装、反应堆厂房环吊可用、核岛首台主泵泵壳引入。2021 年防城港核电厂 3、4 号机组工程节点见表 8。

表 8　2021 年防城港核电厂 3、4 号机组工程节点

机组	工程节点	完成时间
3 号机组	核回路清洗 (NCC) 开始	2021 年 3 月 15 日
	500kV 可用	2021 年 4 月 4 日
	核岛主回路冷试开始	2021 年 5 月 15 日
4 号机组	安全壳穹顶吊装	2021 年 1 月 24 日
	汽机首个 LP 模块到货	2021 年 5 月 3 日
	反应堆厂房环吊可用	2021 年 9 月 24 日

五　霞浦示范快堆工程 1、2 号机组

霞浦示范快堆工程项目位于福建省宁德市霞浦县长表岛，1 号机组于 2017 年 12 月 29 日开工，2 号机组于 2020 年 12 月 27 日开工（见表 9）。

表 9　霞浦示范快堆工程项目概况

单位：MWe

业主单位	中核霞浦核电有限公司
主要股东	中国核能电力股份有限公司、福建福能股份有限公司、华能核电开发有限公司、中国长江电力股份有限公司和宁德市国有资产投资经营有限公司
厂址	福建省宁德市霞浦县长表岛
机组机型	钠冷快堆
设计功率	600
开工日期	1 号机组：2017 年 12 月 29 日 2 号机组：2020 年 12 月 27 日

六　国和一号示范工程 1、2 号机组

国和一号示范工程是《国家中长期科学和技术发展规划纲要（2006—2020 年）》确定的 16 个科技重大专项之一，项目位于山东省荣成市石岛湾核电厂，由国家电投集团所属国核示范电站有限责任公司负责建设、管理和运营。项目一期规划建设 2 台国和一号核电机组，单机设计功率 153.4 万千瓦（见表 10），设计寿命 60 年，2019 年核准开工建设。

国和一号是在引进、消化、吸收世界先进三代核电技术的基础上，通过再创新开发出的具有独立自主知识产权、功率更大的非能动大型先进压水堆核电机组，其安全性、经济性和环境相容性均达到三代核电技术的世界先进水平。

表 10 国和一号示范工程 1、2 号机组项目概况 单位：MWe	
业主单位	国核示范电站有限责任公司
主要股东	国家电力投资集团有限公司、中国华能集团公司
厂址	山东省荣成市石岛湾核电厂
机组机型	CAP1400
设计功率	1534

2021 年，国和一号示范工程进展顺利，施工设计、设备制造、安全质量等指标符合要求。

七　漳州核电厂 1、2 号机组

（一）项目概况

漳州核电厂位于福建省漳州市云霄县列屿镇刺仔尾，项目规划建设 6 台百万千瓦级三代核电机组，一期工程 2 台机组采用“华龙一号”技术。1 号机组于 2019 年 10 月 16 日开工建设（见表 11），标志着“华龙一号”批量化建设正式开启。

表 11 漳州核电厂 1、2 号机组项目概况 单位：MWe	
业主单位	中核国电漳州能源有限公司
主要股东	中国核能电力股份有限公司、国家能源投资集团（原中国国电集团公司）
厂址	福建省漳州市云霄县列屿镇刺仔尾
机组机型	HPR1000
设计功率	1212
开工日期	1 号机组：2019 年 10 月 16 日 2 号机组：2020 年 9 月 4 日
计划完工日期	1 号机组：2024 年 10 月 16 日 2 号机组：2025 年 9 月 4 日

（二）2021年项目进展

漳州核电厂 1 号机组处于安装阶段，反应堆厂房内部结构已全部浇筑完成，主设备已全部引入就位，核岛内穹顶已吊装就位。常规岛汽轮机基座平台已浇筑完成。

漳州核电厂 2 号机组处于安装阶段，反应堆厂房内部结构 +3.60~+7.50m 墙钢筋绑扎中，内筒体第 13 层钢筋绑扎中，外筒体第 4 层钢筋绑扎中。常规岛汽轮机基座梁柱钢筋绑扎中。

BOP 已开工 31 个子项，包括除盐水、220kV 倒送电等。2021 年漳州核电厂 1、2 号机组工程节点见表 12。

表 12　2021 年漳州核电厂 1、2 号机组工程节点

机组	工程节点	完成时间
1 号机组	核岛反应堆 16.5m 平台浇筑完成	2021 年 7 月 2 日
	核岛内穹顶吊装就位	2021 年 10 月 27 日
2 号机组	常规岛 4# 块筏基浇筑完成	2021 年 5 月 21 日
	核岛反应堆钢衬里模块四吊装就位	2021 年 8 月 2 日

八　太平岭核电厂 1、2 号机组

（一）项目概况

太平岭核电厂位于广东省惠州市惠东县黄埠镇，规划建设 6 台百万千瓦级核电机组，其中一期工程 1、2 号机组采用“华龙一号”技术，建设 2 台单机容量为 120 万千瓦的压水堆核电机组。1、2 号机组已分别在 2019 年 12 月 26 日、2020 年 10 月 15 日实现开工建设（见表 13）。

表 13　太平岭核电厂 1、2 号机组项目概况

单位：MWe

业主单位	中广核惠州核电有限公司
主要股东	中国广核集团有限公司
厂址	广东省惠州市惠东县黄埠镇

续表

机组机型	HPR1000
设计功率	1202
开工日期	1号机组：2019年12月26日 2号机组：2020年10月15日
计划完工日期	1号机组：2025年 2号机组：2026年

（二）2021年项目进展

截至2021年11月30日，一期项目工程总量累计完成32.77%，其中1号机组工程总量累计完成33.40%，2号机组工程总量累计完成6.50%。2021年太平岭核电厂1、2号机组工程节点见表14。

表14 2021年太平岭核电厂1、2号机组工程节点

机组	工程节点	完成时间
1号机组	初步设计技术收口	2020年4月30日
	常规岛开工建设	2020年5月15日
	常规岛汽机筏基完成混凝土浇筑	2020年10月31日
2号机组	核岛开工建设	2020年10月15日

九 三澳核电厂1、2号机组

（一）项目概况

三澳核电厂位于浙江省温州市苍南县霞关镇三澳村，规划建设6台百万千瓦级核电机组，一期工程1、2号机组采用“华龙一号”技术，单机容量为120万千瓦。一期工程1号机组已于2020年12月31日开工建设，2号机组已于2021年12月30日开工建设（见表15）。

表 15　三澳核电厂 1、2 号机组项目概况 单位：MWe	
业主单位	中广核苍南核电有限公司
主要股东	中国广核集团有限公司、浙江浙能电力股份有限公司
厂址	浙江省温州市苍南县霞关镇三澳村
机组机型	HPR1000
设计功率	1208
开工日期	1 号机组：2020 年 12 月 31 日 2 号机组：2021 年 12 月 30 日
计划完工日期	1 号机组：2026 年 2 号机组：2027 年

（二）2021年项目进展

工程设计方面，已完成初步设计并通过初步设计外部评审，全年出版施工图约 22500 张，主体工程设计工作进展顺利。设备采购方面，截至 2021 年 11 月 25 日，一期工程全厂累计签约设备 290 个，共有 234 个采购包设备正在进行制造工作。现场施工方面，2020 年 12 月 31 日，1 号机组核岛实现 FCD；2021 年 9 月 9 日，1 号机组常规岛实现 FCD；2021 年 12 月 30 日，2 号机组核岛实现 FCD（见表 16）。

表 16　2021 年三澳核电厂 1、2 号机组工程节点

机组	工程节点	完成时间
1 号机组	常规岛实现 FCD	2021 年 9 月 9 日
	初步设计外部评审会	2021 年 9 月 17 日
	联合泵房实现 FCD	2021 年 9 月 30 日
2 号机组	核岛实现 FCD	2021 年 12 月 30 日

十 昌江核电厂 3、4 号机组

（一）项目概况

昌江核电厂位于海南省昌江县海尾镇塘兴村，濒临北部湾，规划建设 4 台压水堆核电机组和 1 台多用途模块式小型堆，统一规划、分期建设。一期工程为中核集团牵头建设的 2 台 650 兆瓦压水堆核电机组，已投入商业运行；二期工程为中国华能集团牵头建设的 2 台百万千瓦级压水堆核电机组。昌江二期工程采用“华龙一号”技术，于 2020 年 9 月 2 日获得国务院核准，2021 年 3 月 31 日获颁建造许可证，昌江二期工程成为我国“十四五”时期首个开工建设的核电项目，2 台机组计划将分别于 2026 年 3 月和 2027 年 1 月投入商业运行（见表 17）。

表 17 昌江核电厂 3、4 号机组项目概况

单位：MWe

业主单位	华能海南昌江核电有限公司
主要股东	华能核电开发有限公司、中国核能电力股份有限公司
厂址	海南省昌江县海尾镇塘兴村
机组机型	HPR1000
设计功率	1198
开工日期	3 号机组：2021 年 3 月 31 日 4 号机组：2021 年 12 月 28 日
计划完工日期	3 号机组：2026 年 3 月 4 号机组：2027 年 1 月

（二）2021年项目进展

昌江二期工程 2021 年的一级里程碑节点全部按计划完成，先后于 2021 年 7 月 15 日、9 月 15 日完成首台机组（3 号机组）核岛安全壳钢衬里模块一、模块二吊装，并于 2021 年 9 月 30 日实现 3 号机组联合泵房 FCD。4 号机组核岛于 2021 年 12 月 28 日实现 FCD（见表 18）。

表 18　2021 年昌江核电厂 3、4 号机组工程节点		
机组	工程节点	完成时间
3 号机组	核岛实现 FCD	2021 年 3 月 31 日
	核岛反应堆厂房	2021 年 8 月 15 日
	内筒体混凝土施工开始	2021 年 9 月 7 日
	联合泵房第一罐混凝土浇筑开始	2021 年 9 月 30 日
4 号机组	核岛实现 FCD	2021 年 12 月 28 日

十一　田湾核电厂 7 号机组

（一）项目概况

田湾核电厂位于江苏省连云港市连云区，规划建设 8 台百万千瓦级压水堆核电机组，统一规划、分期建设。1~4 号机组为俄罗斯 VVER-1000 压水堆核电机组，5、6 号机组采用 M310 改进型压水堆核电技术，均已建成投产。7、8 号机组为俄罗斯 VVER-1200 压水堆核电机组，其中 7 号机组于 2021 年 5 月 19 日开工（见表 19）。

表 19　田湾核电厂 7 号机组项目概况

单位：MWe

业主单位	江苏核电有限公司
主要股东	中国核能电力股份有限公司、上海禾曦能源投资有限公司、江苏省国信资产管理集团有限公司
厂址	江苏省连云港市连云区
机组机型	VVER-1200
设计功率	1274
开工日期	7 号机组：2021 年 5 月 19 日
计划完工日期	7 号机组：2026 年下半年

（二）2021年项目进展

田湾核电厂 7 号机组处于土建阶段，7 号机组核岛于 2021 年 5 月 19 日实现 FCD，核岛反应堆厂房内部结构 -3.70m 施工；竖井钢衬里第二层环缝焊接完成；预应力廊道顶板浇筑完成；常规岛和泵房区域底板施工。2021 年田湾核电厂 7 号机组工程节点见表 20。

表 20　2021 年田湾核电厂 7 号机组工程节点

机组	工程节点	完成时间
7 号机组	核岛实现 FCD	2021 年 5 月 19 日
	常规岛实现 FCD	2021 年 9 月 19 日
	堆芯捕集器底板到货	2021 年 10 月 25 日
	堆芯竖井贯穿件、埋件安装完成	2021 年 11 月 13 日

十二　海南昌江小堆示范工程

（一）项目概况

海南昌江小堆示范工程位于海南省昌江县海尾镇塘兴村，濒临北部湾，规划建设 4 台压水堆核电机组和 1 台多用途模块式小型堆，统一规划、分期建设。一期工程为中核集团牵头建设的 2 台 650 兆瓦压水堆核电机组，已投入商业运行；二期工程为中国华能集团牵头建设的 2 台百万千瓦级压水堆核电机组，已于 2021 年开工。海南昌江小堆示范工程采用中核集团的“玲龙一号”小型堆核电机组技术，单台机组设计功率为 12.5 万千瓦（见表 21）。

表 21　海南昌江小堆示范工程项目概况

单位：MWe

业主单位	中核海南核电有限公司
主要股东	中国核能电力股份有限公司、华能核电开发有限公司、华能国际电力股份有限公司
厂址	海南省昌江县海尾镇塘兴村
机组机型	ACP100
设计功率	125
开工日期	2021 年 7 月 13 日
计划完工日期	2026 年上半年

（二）2021年项目进展

核岛反应堆厂房筏基C层浇筑完成，正在养护；内部结构第一层正在绑扎钢筋；电气厂房、燃料厂房第一罐砼浇筑完成，正在养护；核辅厂房第一罐砼养护完成，E-7区防水铺贴完成，正在绑扎保护层钢筋网片。常规岛汽轮机厂房第一罐砼浇筑完成，正在养护；正在分区进行底板施工。BOP工程、综合技术廊道正在分段施工。循环冷却水排水廊道正在分段施工。2021年海南昌江小堆示范工程工程节点见表22。

表22　2021年海南昌江小堆示范工程工程节点

机组	工程节点	完成时间
海南昌江小堆示范工程	反应堆厂房浇筑第一罐砼	2021年7月13日
	钢制安全壳底封头吊装就位	2021年10月24日
	常规岛浇筑第一罐砼	2021年11月28日

十三　徐大堡核电厂3号机组

（一）项目概况

徐大堡核电厂位于辽宁省葫芦岛市兴城市徐大堡镇方安村，规划建设6台百万千瓦级压水堆核电机组，一次规划、分期建设。1、2号机组规划建设2台AP1000核电机组，3、4号机组规划建设2台AES-2006（VVER-1200）核电机组，其中3号机组已于2021年7月28日开工（见表23）。

表23　徐大堡核电厂3号机组项目概况

单位：MWe

业主单位	中核辽宁核电有限公司
主要股东	中国核能电力股份有限公司、中国大唐集团核电有限公司、江苏省国信集团有限公司、浙江浙能电力股份有限公司、中核投资有限公司
厂址	辽宁省葫芦岛市兴城市徐大堡镇方安村

续表

机组机型	AP1000（1、2 号机组），VVER-1200（3、4 号机组）
设计功率	1250（1、2 号机组），1274（3、4 号机组）
开工日期	3 号机组：2021 年 7 月 28 日
计划完工日期	3 号机组：2026 年下半年

（二）2021年项目进展

徐大堡核电厂 3 号机组处于土建阶段。2021 年 7 月 28 日核岛实现 FCD，反应堆厂房预应力廊道、内部结构施工；常规岛筏基 5 个区域浇筑完成；联合泵房筏基 10 个区域浇筑完成。2021 年徐大堡核电厂 3 号机组工程节点见表 24。

表 24　2021 年徐大堡核电厂 3 号机组工程节点

机组	工程节点	完成时间
徐大堡核电厂 3 号机组	核岛实现 FCD	2021 年 7 月 28 日
	常规岛实现 FCD	2021 年 9 月 17 日
	反应堆厂房底板钢衬里施工完成	2021 年 9 月 26 日
	堆芯捕集器壳体到货	2021 年 11 月 29 日

B.5
核燃料循环产业

摘　要： 核燃料循环产业是高科技战略性产业，是核能发展的物质和技术基础。2021年，我国核燃料循环产业在全面做好疫情防控的同时保持生产运行稳定，供应能力、保障能力进一步提升。其中，铀矿勘查采冶和开发取得重要进展，铀浓缩产业发展质量持续提升，自主品牌核燃料元件研发及产业化加快推进，中低放废物处置能力进一步提升，高放废物地质处置地下实验室竖井主体工程开工建设。

关键词： 核燃料循环　天然铀　核燃料加工

核燃料循环通常包括天然铀勘查采冶、铀纯化转化、铀浓缩、核燃料元件加工及研发、乏燃料管理、放射性废物处理处置等环节，是核能安全可持续发展的重要基础。我国拥有完整的核燃料循环产业，为适应核能规模化发展，我国核燃料循环产业生产能力不断提升、技术水平持续提高。

一　天然铀勘查采冶

2021年，我国天然铀勘查采冶技术取得新突破，勘查采冶活动取得积极进展，北方地浸砂岩型铀矿基地建设高效推进，“十四五”时期天然铀勘查采冶取得良好开局。

（一）铀矿勘查

1. 勘查技术再度升级

铀成矿理论，勘查采冶新技术、新方法取得突破。开发了基于地学大数据的砂岩型铀矿三维预测新技术，实现了“定型、定位、定深、定量”铀成矿预测。地震勘探技术在构造与地层识别、储层预测等方面取得重要进展，突破了铀成矿环境重磁电震三维探测联合反演、深部铀资源地气中氡及其子体伽马全谱探测、铀成矿关键要素航空中红外高光谱异常信息识别、可见光—热红外航空全谱段多参量高光谱数据融合、三维地质建模等关键技术，集成研发了铀资源三维勘查技术系统。在准噶尔盆地、鄂尔多斯盆地南部、诸广南部、苗儿山等地区预测 10 余片远景区。

2. 铀矿勘查取得新进展

2021 年全年按计划完成钻探工作量，铀矿勘查取得积极成果。鄂尔多斯盆地北部巴音青格利铀矿床资源量规模由大型扩大到特大型；洪海沟、海力锦、芒来等矿床发现富大矿体，资源量规模扩大；伊犁盆地新发现平米铀量创国内新纪录的工业矿段；新区、新类型、新层位找矿取得重要进展，新发现胡力海、胜利、石圈滩等 3 个矿产地。鄂尔多斯盆地北部在下白垩统持续获得重大发现，二连盆地古河谷砂岩型铀矿研究、松辽盆地板状铀矿成矿理论与找矿技术攻关取得突破性成果。

（二）铀矿开发

1. 铀矿采冶技术取得新突破

复杂铀矿高效开采、多金属共伴生资源综合利用、精细化地浸采铀等关键技术取得新进展。突破了砂岩型铀矿床高渗透地层人工隔水层建造、地浸采铀高压水力成井及工程应用、地浸铀矿山钻孔硅酸堵塞解堵、地浸钻孔智能化二次成井等关键技术。研发出移动式喷淋装备及控制方法，突破了细粒级铀矿石堆浸渗透性保持及浸出均匀性控制的关键技术，系统解决了潮湿细粒级矿石高效筛分技术难题，堆浸周期由原工艺的 300 天缩短至 90 天，浸出率由原来的 90% 提升至 93%。突破了“八〇一”铌及伴生铀矿矿相高效转化与分离协同调控等关键技术，贯通了选冶一体化工艺流程，实现了稀土、铍、锆、铀、铌等 5 种战略性金属的综合回收。

2. 深入推进铀矿开发战略调整，数字化赋能促进产业全面转型

已建成的新疆伊犁千吨级绿色铀矿山大基地高效稳定运行，内蒙古通辽、鄂尔多斯千吨级大基地建设取得明显进展。国内单体产能规模最大的钱家店铀矿床钱Ⅳ块地浸采铀工程项目提前半年联动调试成功。积极提升精细化管理水平，在关停的一批资源枯竭的南方小型铀矿山有序开展退役治理工作，并持续开展环境整治；北方地浸铀矿山生产运行稳定，自动化、智能化水平持续提升，基本实现无人值守，井场和水冶生产实现自动化远程控制，智能预警、网络实时监测工作取得新进展。内蒙古矿业建成国内首个地浸远程管控中心，实现自动化远程控制，“核 + 北斗”融合应用助力数字矿山建设。

二　核燃料加工

2021 年，我国核燃料加工产业在提升自主科技创新能力的同时，进一步释放产业潜力，加快建设核燃料加工数字化工厂，持续推进生产体系改革创新，持续促进产业降本增效。

（一）铀纯化转化技术取得新突破

我国已经建成了南北两个铀纯化转化生产基地，产能达到万吨级，产业能力跻身世界前列，保障了我国天然六氟化铀安全可靠稳定供应。

推进先进铀转化技术研发，开展了 U_3O_8 连续溶解技术、气流式喷雾干燥热解脱硝制备高活性 UO_3 工艺技术、铀转化先进控制技术、氟化氢尾气循环利用技术、氟化渣处理技术等三废处理工艺技术研究，研制出连续溶解反应器热解脱硝设备、自清洁萃取槽以及氮氧化物吸收塔等重要装备，突破大规模铀纯化转化生产关键技术，形成了具有自主知识产权的铀纯化转化技术，具备自动化水平高、三废排放量低等特点，能够满足项目建设需求。2021 年，

铀转化工程技术研究科研条件建设项目开工，该项目建成后将有助于提升我国铀转化工程技术研发验证能力。

（二）铀浓缩产业发展质量持续提升

近年来，我国铀浓缩产业生产运行工艺水平及管理水平不断提升，关键技术取得突破，产业转型升级积极推进。中核兰州铀浓缩有限公司及中核陕西铀浓缩有限公司均为大型铀浓缩企业，按照核电发展建设需求，两企业不断提升铀浓缩供应保障能力，大力推进标准化铀浓缩运行组织改革。积极提升生产线现代化水平和数字化管理能力，在主辅工艺生产现场开展机器人巡检、设备健康度监测以及智能视频监测研究和应用，推进工厂三维建模和数字孪生技术的研究应用，促进智慧铀浓缩产业建设。

聚焦铀浓缩生产运行工艺提升，积极开展原材料分析监测、主要生产过程及工艺分析监测、出厂产品质量分析监测和生产区环境分析监测等相关分析监测技术研究，服务于产业创新发展需要。

（三）核燃料元件供应保障能力稳定可靠

我国核燃料元件加工能力保持稳定。压水堆核燃料元件产能为1400tU/a，重水堆核燃料元件产能为260tU/a，高温气冷堆核燃料元件产能为30万个/年，有效满足了核电发展需求，我国核燃料元件生产能力如表1所示。近年来，我国核燃料元件制造生产线持续推进数字化、智能化转型，积极部署先进自动化、数字化设备及高精度机器人制造，已经具备柔性化生产加工特性。

表1　我国核燃料元件生产能力

单位：tU/a，个/年

组件类型		中核建中核燃料元件有限公司	中核北方核燃料元件有限公司	合计
压水堆	AFA 3G组件	800	200	1000
	AP1000组件	—	400	400
	VVER组件	50	—	50

续表

组件类型	中核建中核燃料元件有限公司	中核北方核燃料元件有限公司	合计
重水堆	—	260	260
高温气冷堆	—	30 万	30 万

注：中国广核集团在哈萨克斯坦建设的 200tU/a 组件厂由哈萨克斯坦国家原子能工业公司控股。重水堆核燃料元件制造生产线经过改造后，额定产能由 200tU/a 提升至 260tU/a。

核燃料加工产业创新发展取得新进展。完成重水堆核燃料棒束制造设备适应性改造，将机器人应用、3D 视觉、在线检测、三维力控、智能仓储、大数据分析等技术融入核燃料生产线信息化、数字化升级。在此基础上，2021 年 8 月 19 日，首支重水堆改进型 37M 核燃料棒束下线。全球首条工业化规模、拥有完全自主知识产权的高温气冷堆核燃料生产线正式进入工业化供应阶段，2021 年 1 月 9 日，首批 7.8 万个球形元件启运发往高温堆示范工程；2021 年 8 月 21 日，首批球形元件完成反应堆装料，为我国全球首座高温气冷堆并网发电提供了重要保障。

我国已经建设形成了具备海绵锆生产、锆合金熔炼、坯料制备、管棒板带材成品制造及返回料处理综合能力的、完整的锆材产业链。国内主要企业包括中核晶环锆业有限公司、国核宝钛锆业股份公司、西部新锆核材料科技有限公司、中核二七二铀业有限责任公司和中核法马通（上海）锆合金管材有限公司等，国内主要企业核级锆生产能力见表 2。

表 2 国内主要企业核级锆生产能力

单位：t/a

企业	核级海绵锆	锆合金锭	板带材	管棒材
中核晶环锆业有限公司	300	—	—	—
国核宝钛锆业股份公司	1500	2000	80	270
西部新锆核材料科技有限公司	—	500	100	100
中核二七二铀业有限责任公司	100	—	—	—
中核法马通（上海）锆合金管材有限公司	—	—	—	150

（四）核燃料元件研发及国产化水平持续提升

压水堆核燃料元件方面。我国压水堆核燃料元件已步入型谱化、系列化的快速研发新阶段，在材料研发和供应、设计技术和手段、试验平台和能力、制造装备和技术等方面形成了自主核燃料元件研发核心技术体系。中国核工业集团积极推进自主 CF 系列核燃料组件研发及产业化应用，2021 年装载 CF2 核燃料组件的“华龙一号”海外首堆实现商运发电；CF4 燃料组件关键材料堆外性能考验和技术路线选择按计划推进，完成 CF4 燃料组件初步方案设计，计划于 2022 年实现 N45 特征化组件入堆考验。

国家电投集团正在研发全锆骨架 4.26 米（14 英尺）高性能燃料组件 SAF-14。2021 年，国家电投集团完成了核燃料组件 4 种关键试验件临界热流密度（CHF）试验，验证了 SAF-14 自主化燃料热工性能，标志着该型号组件已完成在反应堆事实先导辐照考验安全审评所需的全部对外原型试验，为先导组件入堆辐照奠定了重要技术基础。

加快推进国内引进核电机型燃料组件的国产化，2021 年完成 AP1000 燃料元件格架国产化鉴定，同时，管座国产化鉴定、ZrB_2 靶材辐照验证等工作正在积极推进。采用国产化材料的 VVER 类型核燃料特征化组件入堆。

环形燃料元件研发方面。我国已经打通了环形燃料组件制造、组装和检测流程。2021 年，中国原子能科学研究院承担的环形燃料组件 CHF 试验取得重大技术突破，成功获得首批非均匀加热全长棒束 CHF 数据。

耐事故燃料元件（ATF）方面。中国核工业集团开展的涂层锆合金耐事故燃料研发顺利进行。2021 年，完成国内首个 Cr 涂层特征化燃料组件研制，并在福清核电厂 2 号机组实现商用堆入堆考验；完成“FeCrAl—高铀密度燃料”短棒研制，并入研究堆考验。中国广核集团耐事故燃料研发实现了全尺寸涂层锆合金包壳管的制备，提交了先导燃料组件入堆申请，并获得国家核安全局的正式受理。

三　核燃料循环后段

核燃料循环后段是核能安全可持续发展的重要环节，我国坚持闭式核燃料循环政策，循环利用核燃料资源，加强放射性废物管理。2021 年，我国加快乏燃料运输、贮存、后处理以及放射性废物处理处置能力体系建设，在多方面取得了积极进展。

（一）乏燃料管理

截至 2021 年底，压水堆核电站累计产生乏燃料 7586tHM，其中 6967tHM 贮存在堆水池中，149tHM 贮存在核电厂内干式贮存设施中，其余 470tHM 已经运离核电厂贮存或处理。重水堆核电站累计产生乏燃料 3565tHM，其中 1152tHM 贮存在堆水池中，2413tHM 贮存在核电厂内干式贮存设施中。

持续提升乏燃料贮存能力。我国建立了以湿式贮存为主、干式贮存为补充的乏燃料离堆贮存能力体系。截至 2021 年底，已经形成 2500tHM 的湿式贮存能力、550tHM 的干式贮存能力。2021 年，秦山核电厂干式贮存设施获得批复并开工建设。通过引进、消化、吸收、再创新，初步实现干式贮存设施的国产化和自主化，并在秦山干式贮存设施项目中得到应用。

继续推进乏燃料运输体系建设。2021 年 6 月 30 日，我国自主设计制造的首台百吨级 CNSC 乏燃料运输容器在西核设备公司顺利下线；首台国产乏燃料容器完成制造下线及工厂验收；乏燃料运输调度平台开展搭建及调试工作；完成国内乏燃料公海铁联运体系首次试运行。

乏燃料后处理示范工程建设顺利，乏燃料后处理科研工作有序推进。

（二）放射性废物处理处置

1. 低放废物处置能力进一步提升，集中处置场建设取得重要进展

2021 年，我国低放废物处置能力进一步提升。西北处置场、北龙处置场、飞凤山处置场推进库容扩建；甘肃龙和处置场建设有序开展；广东阳江处置场实现开工建设；广西防城港处置场、辽宁徐大堡处置场按照要求开展项目

前期工作；山东处置场项目获核准。我国正在逐步形成“区域 + 集中”的放射性废物处置格局。

西北处置场总体规划 20 万 m^3 废物处置容量，分期分阶段建设，其中一期一阶段已建成 6 个处置单元及相关附属设施，设计废物处置容量 2 万 m^3（实际运行容量约 2.9 万 m^3）。截至 2021 年底，西北处置场已累计接收处置放射性废物包 68344 个，合计 27708m^3（见表 3）。中核清原环境技术工程有限责任公司正在开展西北处置场一期二阶段扩建工作，拟新建废物处置容量约 9 万 m^3；截至 2021 年底，已完成处置单元施工和废物接收站封顶。

表 3　我国低中放废物处置场情况

单位：m^3

	西北处置场	北龙处置场	飞凤山处置场	龙和处置场
持证单位	中核清原环境技术工程有限责任公司	广东大亚湾核电环保有限公司	中核清原环境技术工程有限责任公司	甘肃龙和环保科技有限公司
规划设计容量	200000	80000	180000	1000000
已建成设计容量	20000	8800	32000	40000
已接收废物总量	27708	—	35005	—

飞凤山处置场总体规划 18 万 m^3 废物处置容量，分期分阶段建设，其中一期一阶段于 2015 年由中核清原环境技术工程有限责任公司建成，包括 14 个处置单元及相关附属设施，设计废物处置容量 3.2 万 m^3（实际运行容量约 3.8 万 m^3）。截至 2021 年底，已累计接收处置放射性废物包 77944 个，合计约 3.5 万 m^3。中核清原环境技术工程有限责任公司正在开展飞凤山处置场一期二阶段扩建工作，拟新建废物处置容量约 7 万 m^3；截至 2021 年底，已启动主体工程施工。

龙和处置场总体规划废物处置容量 100 万 m^3，其一期一阶段建设项目拟建成 4 万 m^3 低放废物处置容量的处置单元、4000m^3 的低放废物接收与贮存厂房，以及相关配套设施和工艺设备。截至 2021 年底，龙和处置场主体工程已建成全部 20 个处置单元并完成其他所有子项的主体结构封顶施工，目前正在开展各子项砌体、装饰装修和设备安装调试以及室外工程等工作，计划于 2022 年第 3 季度开始接收废物。

2. 低、中放废物处理技术研发及产业化取得新突破

我国放射性废物处理技术取得新突破。中国核电工程有限公司开发了湿固体废物干燥技术，配合研制的高整体性容器（HIC），大大缩小了送处置废物的体积；开发的有机废物热解焚烧技术已完成研发验证工作；泥浆回取机器人已完成研发，并完成全尺寸的冷验证试验。中核环保有限公司完成国内首条人工放射性核素废旧金属熔炼处理回收线试运行；研制出移动式低放废物焚烧装置，能够满足我国低放可燃废物的就地减容处理需求；开发了放射性废树脂湿法氧化处理技术，具备工程应用条件。中国辐射防护研究院主编的《核设施产生极低放废物（VLLW）的放射性表征方法》ISO 国际标准提案获正式立项。

3. 高放废物处理处置技术科研及能力体系不断完善

2021 年 9 月 11 日，我国首座高放废液玻璃固化设施圆满完成热试并投入试运行，对我国核工业安全绿色发展具有重要意义。

高放废物地质处置研发平台建设迈出重要步伐。2021 年 6 月 17 日，高放废物地质处置地下实验室竖井主体工程开工，进入工程实践阶段。国际原子能机构与核工业北京地质研究院签署协议，指定核工业北京地质研究院为“国际原子能机构高放废物地质处置协作中心”，该中心将在高放废物地质处置技术研发和地下实验室设计、建设等方面促进国际学术交流，加大联合研究、人才培养力度，加快该领域技术的全球研发进程。

B.6
核电装备制造

摘　要： 2021年，我国核电装备成套制造能力不断提升。核电装备制造企业自主研制的核电产品及系统已成功应用于“国和一号”、“华龙一号”和高温气冷堆等核电项目，核电产品及系统各核心环节自主可控，形成了较为完整的产业链，已具备产业化、批量化能力。同时，核电装备制造业提前布局并参与四代堆及聚变堆设备的研制，包括霞浦示范快堆、铅基堆、熔盐堆、聚变堆主机关键系统综合研究设施和乏燃料后处理相关设备研制。

关键词： 核电装备　装备研制　国产化

2021年，我国核电装备制造企业着力于推进产业高质量发展，进一步提高基础制造水平，核心零部件国产化替代实现新突破，一批具有自主知识产权的核电主设备完成制造及交货。通过与科研院校的产学研合作，先进核能系统关键设备研制工作扎实推进，核电装备的国产化能力不断提升。

一　三代核电装备制造情况

（一）“华龙一号”堆型

1. 核岛主设备

（1）反应堆压力容器

中国第一重型机械股份有限公司承制的漳州核电厂1号机组、防城港核电厂4号机组2台反应堆压力容器完成出厂验收；漳州核电厂2号机组压力容器筒体组件完成最终热处理；惠州核电厂 2 号机组压力容器完成水压试验。东方电气（广州）重型机器有限公司承制的惠州核电厂 1 号机组反应堆压力容器完成最终整体热处理。

（2）蒸汽发生器

东方电气（广州）重型机器有限公司承制的防城港核电厂 4 号机组蒸汽发生器完成制造，昌江核电厂 3 号机组蒸汽发生器已全部开工。

哈电集团（秦皇岛）重型装备有限公司承制的漳州核电厂 1 号机组 3 台蒸汽发生器通过出厂验收并发运；该公司承制的惠州核电 1 号机组 3 台蒸汽发生器均已完成水压试验，预计 2022 年具备交货条件。

（3）稳压器

东方电气（广州）重型机器有限公司承制的漳州核电厂 1 号机组稳压器完工并交付，中国第一重型机械股份有限公司承制的防城港核电厂 4 号机组 1 台稳压器完工交付。

（4）主泵

上海电气凯士比核电泵阀有限公司承制的漳州核电厂 1 号机组首台主泵电机完成 FAT（工厂验收试验），设备进入机组拼装和全流量试验阶段。二重（德阳）重型装备有限公司承制的漳州核电厂 1 号机组 3 套泵壳设备交付。

哈尔滨电气动力装备有限公司承制的昌江核电厂 3、4 号机组主泵项目正按计划推进，首台泵壳已完成锻件制造；首台主泵电机已完成定子下线和转子加工。

（5）堆内构件

东方电气（武汉）核设备有限公司承制的漳州核电厂 1 号机组堆内构件主体全部组件完工；惠州核电厂 1 号、昌江核电厂 3 号机组堆内构件下部吊兰筒体焊接完成；漳州核电厂 2 号机组堆内构件开始上下部吊篮对接焊。

上海第一机床厂有限公司承制的太平岭核电厂 2 号机组堆内构件吊篮筒体组件主焊缝焊接工作全部完成。

（6）控制棒驱动机构

东方电气集团东方汽轮机有限公司完成自主国产化堆焊式双齿钩爪及连

杆制造技术研发，并通过行业专家评审，已在工程项目中得到应用；承制的惠州核电1号控制棒驱动机构完成寿命试验，并通过行业专家评审。

2. 常规岛主设备

东方电气集团东方汽轮机有限公司承制的惠州核电厂1号机组汽轮发电机组全面开工制造；三澳核电厂1号机组汽轮发电机组已开工制造。

哈尔滨电机厂有限责任公司及哈尔滨汽轮机厂有限公司承制的昌江核电厂3、4号机组汽轮发电机组项目正在按计划制造，长周期原材料已完成采购。发电机定子机座、汽轮机凝汽器已开工。

上海电气电站集团完成防城港核电厂4号机组汽轮机以及漳州核电厂1号机组凝汽器的制造。

3. 其他设备

西安核设备有限公司承制的昌江核电厂3号机组安注箱和硼注箱设备完成出厂验收。

哈尔滨锅炉厂有限责任公司承制的漳州核电厂1、2号机组核岛类容器项目共有94台产品，已交付71台产品。

上海电气电站设备有限公司上海电站辅机厂承制的三澳核电厂1、2号机组柴油机罐项目首批柴油机主贮油罐交付。

上海电气凯士比核电泵阀有限公司和中国核电工程有限公司联合研制的“标准化华龙一号辅助给水电动泵”样机通过中国通用机械工业协会的鉴定。

上海电气凯士比核电泵阀有限公司自主设计研发制造的漳州核电厂1号机组余热排出泵发运。东方电气集团东方锅炉股份有限公司承制的漳州核电厂1号机组除氧器制造完工并交付。

（二）“国和一号”堆型

1. 核岛主设备

中国第一重型机械股份有限公司承制的“国和一号”示范工程2号机组反应堆压力容器完成出厂验收。上海电气核电设备有限公司承制的“国和一号”示范工程1号机组蒸汽发生器和2号机组稳压器完工发运。东方电气（广州）重型机器有限公司承制的“国和一号”示范工程1号机组首台稳压器完工发运。上海第一机床厂有限公司承制的“国和一号”示范工程1号机组堆内构件完工发运。

二重（德阳）重型装备有限公司承制的“国和一号”示范工程堆芯补水箱2台交付。

上海电气凯士比核电泵阀有限公司承制的“国和一号”示范工程1号机组湿绕组主泵的配套变频器完成联调试验。“国和一号屏蔽电机主泵”样机通过中国机械工业联合会的鉴定。鉴定委员会认为该样机具有自主知识产权，主要技术指标达到国际先进水平，可以用于“国和一号”示范工程及后续项目。哈尔滨电气动力装备有限公司承制的“国和一号”示范工程首台屏蔽电机交付，首台主泵完成产品试验；承制的“国和一号”示范工程2号屏蔽电机完成制造并具备发货条件。

2. 常规岛主设备

东方电气集团东方汽轮机有限公司承制的“国和一号”示范工程1号汽轮发电机组设备全部交付。

哈尔滨锅炉厂有限责任公司承制的“国和一号”示范工程1号机组高压加热器、除氧器已完成制造并交付，2号机组高压加热器已完成制造并交付。哈尔滨汽轮机厂有限公司承制的“国和一号”示范工程1、2号机组低压加热器已完成制造并交付。

3. 其他设备

二重（德阳）重型装备有限公司承制的“国和一号”示范工程2套压力容器支撑设备、1套稳压器支撑设备完成制造并交付。

上海自动化仪表有限公司承制的102台“国和一号”示范工程海淡项目压力和差压变送器通过验收并发运。

（三）CAP1000堆型

上海电气凯士比核电泵阀有限公司承制的CAP1000 50Hz湿绕组电机主

泵完成详细设计并通过设计评审。哈尔滨电气动力装备有限公司、上海核工程研究设计院有限公司、哈电集团（秦皇岛）重型装备有限公司联合研制的CAP1000外置热交换器通过试验验证。

上海电气核电设备有限公司承制的海阳核电站3号机组首台蒸汽发生器完成二次侧水压试验。哈尔滨电气动力装备有限公司完成海阳核电站4号机组及三门核电站4号机组首台电机制造。

哈电集团（秦皇岛）重型装备有限公司承制的三门核电站3、4号机组CAP1000蒸汽发生器重新启动，廉江核电站1、2号机组CAP1000蒸汽发生器项目于2022年投产。

二　先进核能系统装备研制情况

（一）熔盐堆

上海电气电站设备有限公司电站辅机厂承制的TMSR-LF1项目“熔盐—熔盐”“熔盐—空气换热器”，国核自仪系统工程有限公司研制的全堆控制系统首批设备，上海电气核电设备有限公司承制的金属堆内构件和燃料盐排放罐等设备分别交付甘肃武威项目现场。

（二）小型堆

东方电气（广州）重型机器有限公司承制的ACPR50S海上浮动堆反应堆压力容器接管段筒体制造完成；OTSG首台螺旋管束套装完成；堆内构件导流环腔完成制造；控制棒驱动机构耐压壳组件首件开工制造。

东方电机有限公司完成了自2018年开始独立统筹研制的海上浮动堆反应堆冷却剂屏蔽泵组施工设计（电机和泵一体化设计制造），主要原材料已采购回厂。

哈尔滨电气动力装备有限公司成功研制出全密封高惰转屏蔽电机主泵机组，成为国内首家独立供应民用核电反应堆冷却剂屏蔽泵组（“电机+泵”）的企业。

哈尔滨汽轮机厂有限责任公司承制的海南昌江多用途模块式小型堆核电汽轮机已开展施工设计工作。

哈尔滨汽轮机厂有限责任公司开展了与 ACP100（玲龙一号）模块化小堆相匹配的汽水分离再热器（MSR）、凝汽器、低压加热器的研制工作，并已开展施工设计。

三 聚变堆装备研制情况

由中核集团中国核工业二三建设有限公司承担的国际热核聚变实验堆（ITER）气体注入系统复合管道产品制造项目在广东惠州全部完成。东方电气（广州）重型机器有限公司承制的 ITER 磁体支撑悬挂梁项目 18 套产品已完成制造，进入包装、完工文件审查阶段；ITER 包层屏蔽模块项目 221 件产品首件认证件已完成，系列生产已投产 100 件，其中 53 件已基本完成制造，进入清理、检测阶段。

上海电气核电集团有限公司承担的中国科学院等离子体物理研究所“十三五”国家重大科技技术项目“聚变堆主机关键系统综合研究设施（CRAFT）”TF 线圈盒项目的研发工作全面推进。

四 原材料研制情况

（一）大锻件

二重（德阳）重型装备有限公司完成昌江核电厂 3、4 号机组稳压器全套锻件 2 套、蒸汽发生器筒体、管板等锻件及主泵电机轴锻件、飞轮衬套锻件各 7 套的供货；完成三澳核电 1、2 号机组蒸汽发生器上封头、管板、下筒体锻件的供货；完成 ACPR50S 实验堆套管壳项目部分锻件的供货。

中国第一重型机械股份有限公司完成陆丰核电站 5 号、6 号机组及昌江核电厂 3 号机组蒸汽发生器下封头、管板及筒体等锻件的制造。

上海电气上重铸锻有限公司研制的海南昌江多用途模块式小型堆堆内构

件锻件通过首件鉴定；承制的陆丰核电站5号机组蒸汽发生器、6号机组压力容器锻件开工；并已完成“华龙一号”蒸汽发生器和压力容器全套锻件的评定。

上海电气上重铸锻有限公司、二重（德阳）重型装备有限公司和中国一重集团有限公司已开展对聚变堆316LN锻件材料的研发工作，两公司已完成并提交TF线圈盒试验件316LN锻件。

（二）焊接材料

上海核工院与四川大西洋焊接材料股份有限公司共同研发的国产低合金钢埋弧焊焊丝焊剂组合和焊条，在东方电气（广州）重型机器有限公司承制的核一级设备承压焊缝制造中实现应用。焊缝各项性能符合设备验收指标要求。已推出8个大类19种焊接材料系列产品，覆盖三代核电设备制造及现场使用的关键焊接材料。

（三）其他材料

哈尔滨电气动力装备有限公司开展了核电用静密封O型圈、轴封式核主泵机械密封材料[动环（石墨）、静环（碳化钨）等]的国产化研制工作，其自主开发的产品性能指标符合采购规范要求，满足主泵国产化使用需求。

五　关键零部件国产化情况

（一）乏燃料相关装备

我国自主设计制造的百吨级乏燃料运输容器——CNSC乏燃料运输容器下线。由中国核电工程有限公司牵头承担的“球墨铸铁乏燃料运输容器研制”科研项目完成第3台百吨级球墨铸铁容器铸件铸造。

上海核工程研究设计院有限公司联合上海电气核电集团有限公司开展“高燃耗乏燃料干式贮存系统主设备样机研制及试验”项目。

中国原子能科学研究院成功研制我国首个快堆乏燃料运输容器，并通过

1∶1 原型样机上的验证试验，完成设计定型工作。

二重（德阳）重型装备有限公司完成首批 100 套高放废液玻璃固化热试车容器的制造。

（二）泵阀相关装备

1. 核主泵水润滑轴承研制

哈尔滨电气动力装备有限公司已完成“国和一号”屏蔽电机核主泵水润滑轴承研制，成果应用于“国和一号”示范电站的 4 台屏蔽电机核主泵产品，正在推进水润滑轴承碳石墨材料国产化替代工作。

哈尔滨电气动力装备有限公司开展“华龙一号”核主泵复合材料轴瓦代替巴氏合金轴瓦研究，目前正在进行耐久运行台架试验。

2. 湿绕组电机主泵推力轴承国产化研制

上海电气凯士比核电泵阀有限公司联合国家核电技术公司（上海核工程研究设计院）开展了湿绕组电机主泵推力轴承关键原材料的 100% 国产化替代工作，目前已完成湿绕组主泵推力轴承石墨样材试制、高铬合金样材试制等工作，国产材料与进口材料在耐磨与耐蚀（工况）性能方面无显著差异。

3. MSR 先导式安全阀（立式）

哈电集团哈尔滨电站阀门有限公司完成核电机组汽水分离再热器先导式安全阀（立式）的研制，研制样机已通过国家特种泵阀工程技术研究中心的鉴定试验以及中国机械工业联合会和中国通用机械工业协会共同组织的样机鉴定。

4. 高温高压差电动控制阀

上海自动化仪表有限公司承担的“高温高压差电动控制阀”项目已完成样机制造、鉴定试验并通过专家评审；该公司与中广核工程有限公司联合研发的三代先进压水堆核电机组核岛严酷工况调节阀已完成样机制造、鉴定试验并通过专家评审。

六　核电装备“走出去”情况

东方电气（广州）重型机器有限公司承制的英国欣克利角 C 核电项目 1 号机组核岛重型支撑设备发运。

上海电气核电设备有限公司承制的南非 Koeberg 项目最后 1 台蒸汽发生器完成下封头与管板环缝局部热处理。

B.7

核能行业管理与安全保障

摘　要： 核能行业认真贯彻新发展理念，积极强化政策法规体系建设、核行业管理、核与辐射安全监管、核应急体系建设、核安保等领域工作。编制发布了核工业、核科技、核设施退役治理、核安全与放射性污染防治、核应急工作等方面的“十四五”规划。

关键词： 行业管理　政策法规　核与辐射安全　核应急　核安保

2021 年是我国“十四五”规划开局之年，也是我国核能行业具有里程碑意义的一年。“双碳”目标下，核能发展迎来重大机遇。核能行业认真贯彻党中央关于“三新一高”的战略部署要求，落实“双碳”目标，统筹安全和发展，推动核能行业高质量发展走深走实。

一　政策法规体系建设

“双碳”目标的提出，为我国核能行业带来了重要的发展机遇。十三届全国人大四次会议《政府工作报告》提出，在确保安全的前提下积极有序发展核电。中共中央、国务院《关于完整准确全面贯彻新发展理念做好碳达峰碳中和工作的意见》提出，积极安全有序发展核电。国务院《关于印发 2030 年前碳达峰行动方案的通知》提出，积极有序发展核电，合理确定核电站布局和开发时序，在确保安全的前提下有序发展核电，保持平稳建设节奏。国资委《关于推进中央企业高质量发展做好碳达峰碳中和工作的指导意见》提出，中央企业要结合实际制定具体实施方案，在推进国家碳达峰碳中和中发挥示范引领作用。2021 年 12 月，国务院新闻办发布我国首部《中国的出口管制》白皮书，全面介绍了我国完善核出口管制治理的立场、制度和实践，阐述了中国维护世界和平与发展、维护国家安全和国际安全的主张和行动。涉核法律法规体系不断完善。核领域基础性法律原子能法经国务院常务会议审议并原则通过，正在履行后续程序。核损害赔偿法、放射性废物管理法、核电管理条例、核安保条例、乏燃料管理条例等一批法律法规的立法工作积极推进。国家原子能机构、国家能源局、生态环境部等部门共发布 11 项部门规章。

二　核行业管理

按照国家规划工作要求，发布核工业、核科技、核设施退役治理、国家核应急工作等方面的“十四五”规划。国家原子能机构等 8 个部门首次联合发布《医用同位素中长期发展规划（2021—2035 年）》。举办 2021 年全国科普日活动，组织主场展览，组织涉核集团、高校、协会等实施核科普联合行动。首次发布《中国关键词：核工业篇》，在政府层面通过多种语言形式向国内外宣传我国核工业政策理念和发展成就。国家能源局印发《核电厂操纵人员现场考试实施细则》《核电厂操纵人员模拟机考试实施细则》《核电厂非生产区消防安全管理暂行规定》，与生态环境部联合印发《关于加强核电工程建设质量管理的通知》；组织完成 56 批次操纵人员考试，审核通过 426 位操纵人员的取照资格；开展换照资格审查 32 批次，审核通过 358 位操纵人员的换照资格。

三　核与辐射安全监管

生态环境部（国家核安全局）组织编制核安全与放射性污染防治“十四五”规划；发布《核动力厂管理体系安全规定》，与国家发展改革委联合发布《民用核设施操作人员资格管理规定》，发布《核动力厂确定论安全分析》等9项核安全导则以及《辐射环境监测技术规范》等11项核安全标准；成立全国核安全标准化技术委员会；积极做好“华龙一号”、高温气冷堆等新设计核电机组核安全监督审评工作，完成并颁发2台核电机组厂址选择的审查意见书、7台核电机组的建造许可证、1座放射性固体废物处置场的建造许可证，以及包括高温气冷堆核电站示范工程和秦山核电厂在内的5台核电机组的运行许可证（延续）、1座研究堆的退役批准书。各在运核电机组保持安全稳定运行，未发生1级及以上运行事件，核电安全总体可控。国家核安全局进一步完善经验反馈体系，加大核电厂和研究堆的经验反馈力度，针对4起典型运行事件及1项安全质量管理问题组织了独立调查，发布多项监管要求和情况通报。积极完善核燃料循环设施安全监管制度，推动放射性物品运输标准体系建设，加强乏燃料公海铁联运核与辐射安全监管，持续强化高风险移动放射源监管，简化Ⅲ类射线装置从业人员考核要求，公开辐射安全防护考核题库。

四　核应急体系建设

国家核事故应急办公室印发实施《中国核应急救援队管理办法》《〈核电厂址区域核应急方案〉格式与内容规范（试行）》《核应急演习评估管理规范》。审批完成山东省、福建省、广西壮族自治区核应急预案，以及宁德核电厂、福清核电厂、昌江核电厂、防城港核电厂场外应急预案。持续做好核应急演习和培训工作。参与完成国际原子能机构公约演习5次，开展各级各类演习56次、培训43次。国家核事故应急办公室组织开展了“神盾—2021”国家核事故应急联合演习，以及石岛湾核电厂和防城港核电厂等场内外联合应急演习。强化核应急技术支持体系和救援体系建设。启动核设施及周边区域辐射现状水平航空调查工作，推进高分辨率卫星、北斗卫星等先进技术在核应急领域的应用；启动国家核应急技术支持中心和救援分队调整优化工作。

五 核安保工作

国家原子能机构发布《乏燃料运输安保指南（试行）》《核电站实物保护系统验收管理办法》。进一步加强对核材料的管制工作。核安保培训与演练水平进一步提升，成功举行“风暴—2021”核安保综合演练，首次以网络安全为主要元素，揭示核设施面临的网络安全风险及其可能造成的后果，并与场内核应急联动。中国国家原子能机构联合国际原子能机构主办“大型公众活动核安保设备部署与管理实践线上国际研讨会”。

六 核能行业交流

中国核能行业协会研究并发布多项战略类课题成果，主要包括《国产化CAP1000首批核电项目建设问题研究》《我国核电技术自主化与设备国产化关键问题研究》《碳达峰碳中和目标下我国核电发展研究》《落实长江经济带战略推动华中地区核电发展研究》等。组织开展多项核能公众沟通工作，举办第四届全国核能公众沟通交流大会，开展《面向党校的核能公众沟通讲义》《核电项目公众沟通工作指南》等课题报告的编制和修订工作。持续推动行业科学技术奖励工作、团体标准工作和成果鉴定评价工作。组织行业职业技能竞赛，举办全国核能系统核反应堆运行值班员、无损检验、核电厂水泵检修、核燃料操作等 4 项国家级技能竞赛项目。组织完成了浙江三门核电一期工程项目参评国家级优质工程奖的准备、推荐及申报工作，该项目获国家优质工程金奖。精心策划并首次成功举办了 2021 年核电工程建设经验交流会议，按计划编制出版《核电建设综合分析报告》《核电建设年度报告》等。

B.8 人才队伍建设

摘　要： 创新是强核之本，人才是创新之源。2021 年，我国涉核企业大力实施“人才强核”发展战略，核能人才队伍规模不断扩大、质量不断提升，人才培养工作体系化、制度化和标准化进一步加强，人才发展的体制机制持续优化。截至 2021 年底，我国主要涉核企业形成了一支规模约 20 万人的高素质核能人才队伍，为我国核电、核燃料循环、核技术应用等领域的科技创新与产业发展提供了保障。

关键词： 人才保障　人才培养　人才队伍建设

2021 年，我国核能人才队伍规模不断扩大、质量不断提升，人才培养工作体系化、制度化和标准化进一步加强，人才发展的体制机制持续优化，人才激励和保障措施全面加强。截至 2021 年底，我国主要涉核企业（中核集团、中国广核集团、国家电投集团、华能集团）形成了一支规模约 20 万人的高素质核能人才队伍。

中国科学院知名核科学家王大中院士获国家最高科学技术奖。我国著名核动力专家、中国核潜艇首任总设计师彭士禄院士被追授“时代楷模”称号。

我国涉核企业以建设世界核工业重要人才中心和创新高地、实现高水平核科技自立自强和建设世界一流的核工业为目标，大力实施“人才强核”等发展战略，实施分层分类人才培养计划，创新人才引进路径，进一步推进校企合作和人才共育，打造了一支实力雄厚的高素质核能人才队伍。主要涉核企业人才队伍建设成果如下。

一　中核集团

中核集团人才规模不断扩大、质量不断提升。截至2021年底，中核集团各类在职在岗人才共计15.74万人，其中专业技术人才6.89万人、经营管理人才3.75万人、技能人才5.10万人。中核集团落实“人才优先”发展方针，始终坚持人才引领发展战略地位。

一是系统谋划，加强人才梯队顶层设计。建立了层次分明、结构合理的金字塔型人才梯队，聚焦科研设计与工程总承包两大核心能力，实施“潜龙计划”“腾龙计划”“飞龙计划”“聚龙计划”，制定并发布“人才特区”方案。

二是高端引领，发挥创新人才集聚效应。制定实施“十四五”院士后备人选“一人一策”培养方案。建立“精准培养、一人一策”全周期人才培养机制，加快人才培养速度。

三是创新驱动，依托重大工程培育人才。搭建总师制人才发展体系，设置总师制岗位500余个，聘任300余人。培育项目管理领军人才60余人、项目管理领域专家200余人、具备丰富一线管理经验的人才1300余人。

四是开放共赢，推进校企合作协同发力。与清华大学、哈尔滨工程大学等高校和科研院所建立合作关系，累计联合培养优秀人才75人。实施“核星计划”，培养20位青年人才。

五是知人善用，多措并举释放改革红利。建立“1+N”岗位体系，构建跨层级晋升机制，打通人才发展通道。建立“统帅、领军、冲锋、亮剑、铸剑、启程”六位一体的“核聚英才”培训体系。深入推进三项制度改革，制定一体化薪酬改革方案。

六是关心关爱，大力解除人才后顾之忧。完善人才荣誉体系，切实发挥荣誉表彰的精神引领和榜样力量。

二　中国广核集团

截至2021年底，中国广核集团核电产业共有员工27813人，其中专业技术人才 23835 人、经营管理人才 2384 人、技能人才 1594 人。中国广核集团遵循“企业发展，人才先行”的指导思想，立足战略发展需求，不断完善培训体系、创新培训方式、提升培训能力，着力打造管理人才、科研人才、技能人才等三支队伍，为集团高质量发展持续提供人才动力。

一是开展管理人才队伍建设。开展“白鹭计划”等培养计划，以“培训—考核—授权—上岗”机制为牵引，开展人力资源、财务、安全质量、环保、资本运营、审计、商务等职能领域的人才培训。

二是依托多种平台培养科研人才。通过设立大师工作室、博士后工作站、青年科技创新实践平台等，结合科研项目历练与大师、导师的“传帮带”，促进对科研人才的培养。

三是大力培养技能人才。为核电运营领域共 256 位管理层员工和技术骨干开展 8 期主题为“零错误人因绩效提升”的培训。在核电工程人才培养上聚焦重点领域，搭建了“华龙一号”工程序列课程体系，累计开发课程31门，全年开展线上线下培训 30 余期，累计参训 3000 人次。

三　国家电投集团

截至 2021 年底，国家电投集团核电产业共有员工 8798 人，其中专业技术人才 1570 人、经营管理人才 2238 人、技能人才 4990 人。国家电投集团贯彻以奋斗者为本的理念，给想干事的人提供机会、给能干事的人提供舞台、给干成事的人提供褒奖，树立鼓励担当作为、干事创业的鲜明导向。

一是大力引进优秀人才。在核电工程建设、核电生产运营管理、核技术应用、核燃料等领域引进了一批高端经营管理人才。编制发布《校园招聘人才引进方案》，为校园招聘人才设置了星火奖励等专项奖励。

二是加大领军型人才培养力度。实施“头雁计划”“双优计划”，加大对领军型团队、领军型人才以及优秀年轻干部、优秀技术人才的发掘、培养、激励力度。

三是制订了完善的人力资源战略指导规划。发布了人才队伍建设专项规划，构建了完备的多通道发展体系，建立了以业绩为导向的薪酬激励体系。

四　华能集团

截至 2021 年底，华能集团核电产业共有员工 1187 人，其中专业技术人才 518 人、经营管理人才 427 人、技能人才 242 人。

华能集团加大核电人才引进和培养力度，为核电产业发展提供坚实的人力资源保障。

一是积极推动系统内人才的有序流动，通过系统内公开招聘、选调等方式向核电产业引流专业技术人才、经营管理人才和技能人才。

二是加大校企合作人才培养力度。在华北电力大学、东北电力大学和哈尔滨工程大学建立校企联合培养机制，开设“华能核电班”，选拔优秀学生加入校企联合培养项目，补充新生力量；建立人才公寓，实施“优才计划”，加大毕业生福利保障力度并加快其职业发展速度。

三是积极推动行业内人才的有序流动。签署涉核集团间人才支持协议，设立涉核集团核电人才发展基金，提升核电产业人才薪酬水平，不断提高华能集团的人才吸引力，建设支撑核电产业长期安全高效发展、结构健康合理的人才梯队。

B.9
核能国际合作

摘　要： 面对纷繁复杂的国际形势和持续蔓延的新冠肺炎疫情，我国核能产业坚定走高水平对外开放道路，核能国际合作持续深化。国际核电合作取得重要进展，中俄核能合作项目——田湾核电厂7、8号机组项目和徐大堡核电厂3、4号机组项目正式开工；巴基斯坦卡拉奇K2机组投入商运，卡拉奇K3机组首次装料。核能产业链国际合作取得新成果，中哈合资燃料组件厂建成投产，海外铀资源开发稳步推进，核电运维国际品牌培育初见成效。核科技国际合作取得新成果，ITER中国氦冷固态实验包层系统首个项目启动，两个项目获得EPRI技术转化奖，多个国际标准正式发布。通过深化与国际原子能机构、世界核电运营者协会等机构的交流与合作，我国核领域国际影响力持续扩大。

关键词： 国际合作　核电工程　科技创新　国际治理

对外开放、互利共赢是我国核能产业长期坚持的发展理念。2021年，我国核能产业克服新冠肺炎疫情蔓延的不利影响，推动“一带一路”倡议和新发展格局构建同频共振，为全球和平利用核能提供中国方案，为构建人类命运共同体贡献核能力量。

一　核电合作取得重要进展

（一）中俄核能合作项目正式开工

2021 年 5 月 19 日，在《中俄睦邻友好合作条约》签署 20 周年之际，习近平主席同俄罗斯总统普京共同见证了中俄核能合作项目——田湾核电厂 7、8 号机组项目的和徐大堡核电厂 3、4 号机组项目的正式开工。这些项目建成投产后，年发电量将达到 376 亿千瓦时，相当于每年减少二氧化碳排放 3068 万吨。

2021 年 11 月 29 日，徐大堡核电厂 3 号机组首批俄供大件设备（堆芯捕集器壳体和填料等配套设备），从俄罗斯圣彼得堡港安全运抵中国葫芦岛港。

（二）海外核电建设项目进展顺利

巴基斯坦卡拉奇 K2 机组于 2021 年 5 月 20 日成功投入商运，建设工期 69 个月，创造了三代核电技术海外首堆建设良好业绩；卡拉奇 K3 机组于 2021 年 12 月 31 日首次装料，进入带核调试阶段；英国欣克利角 C 项目土建施工有序推进；阿尔及利亚 B-1、B-2 项目完成验收。

（三）海外核电市场开发取得积极进展

推进海外重点核电市场开发工作。积极推进巴基斯坦恰希玛 C-5 项目和阿根廷核电项目。成功获得加纳核电投标应答文件（RFI）邀请；推动与巴西核电合作谅解备忘录续签；与哈萨克斯坦核电公司签署核电项目合作谅解备忘录；完成纳米比亚小堆项目初步可行性分析。加强对中东欧、东南亚、非洲等潜在国际核电市场的探索，为后续开发奠定基础。

“华龙一号”核电技术英国通用设计审查（GDA）进展顺利。2021 年 11 月，“华龙一号”英国通用设计审查所有重要审评问题全部正式关闭，在技术上具备颁发设计认可确认（DAC）和设计可接受性声明（SoDA）的条件。

二　核能产业链合作取得积极进展

（一）核燃料制造领域合作取得新成果

海外核燃料制造领域合作持续深化。我国企业联合哈萨克斯坦国家原子能工业公司投资建设的首座海外核燃料组件厂——乌里宾燃料组件有限责任合伙企业于2021年11月10日建成投产，具备年生产200吨AFA-3G压水堆核燃料组件的能力。卡拉奇K3机组首次装料，进入带核调试阶段。核燃料相关材料稳步“走出去”，海绵锆出口俄罗斯、锆4管坯出口加拿大。

海外铀资源开发有效推进。中广核矿业收购奥尔塔雷克铀矿49%股权项目正式完成交割。截至2021年底，我国海外控股和参股在产铀矿权益年产量约6500吨，其中纳米比亚罗辛铀矿产量约2400吨、湖山铀矿产量约3250吨。在国际天然铀价格波动加剧的背景下，海外铀矿权益产品为满足我国国内核电资源需求发挥了重要支撑作用。

（二）积极打造核电运维国际品牌

海外核电运维业务快速增长。中原运维海外工程有限公司（以下简称“中原运维”）围绕核能全寿期、一站式服务战略目标，大力推动运维服务从“被动”到“主动”，业务范围从“碎片化”到“系统化”，以“运维小市场”助推“核能大市场”。2021年，中原运维累计海外营业收入达2020年同期的3倍，2021年新签合同额达2020年的10倍；推动18家中资企业成功注册成为阿联酋核电公司合格供应商。

海外服务机组运行效率有效提升。中原运维支持的巴基斯坦恰希玛C-4机组首获WANO（世界核电运营者协会）综合指数满分；C-1机组第14次换料大修、C-4机组第3次换料大修圆满完成；C-1机组技术改造项目稳步推进。

三　深化核科技创新国际合作

核科技创新国际合作取得积极进展。国际热核聚变实验堆（ITER）中国氦冷固态实验包层系统（HCCB TBS）首个项目启动，标志着中国在ITER上开展产氚技术测试进入具体实施阶段。“核电厂1E级电缆老化和鉴定”EPRI（美国电力研究院）技术合作项目圆满完成，Living PM、SG完整性评价两个项目获得EPRI技术转化奖。实质推动高通聚变体中子源发展，联合完成长脉冲气动磁镜实验装置ALIANCE-T工程设计。与俄、美、日、韩、乌、瑞典等国的国际知名科研机构建立核技术合作关系。我国科研团队和个人获得国际原子能机构与联合国粮农组织联合颁发的多个核技术诱变育种国际大奖。

提升核领域国际标准话语权。中核集团主导编制的国际标准《傅里叶红外光谱法测量重水浓度》（ISO 23468：2021）于2021年8月11日正式发布；上海核工院编制的国际标准《核电厂—安全重要仪表和控制系统—地震停堆系统准则》（IEC 63186：2021）由国际电工委员会（IEC）正式发布，这是我国核电领域首个正式发布的IEC国际标准；国核锆业牵头编制的《金属和合金的腐蚀核反应堆用锆合金水溶液腐蚀试验》（ISO 10270:1995，MOD）正式发布。核设施产生极低放废物（VLLW）的放射性表征方法等国际标准的编制工作进展顺利。核聚变堆高温承压部件的热氦检漏方法在国际标准化组织成功立项，该方法是中国在核聚变领域立项的首项国际标准。我国核能行业积极组织、参与ASME（美国机械工程师协会）国际工作组会议、ASME标准周活动，培养国内行业专家成为ASME技术委员，引导国内核能行业专家关注ASME规范和标准的制定、修改和发展方向，推动国内学者参与ASME的联合工作。

四 积极参与核领域全球治理

深化核领域全球治理合作。国家原子能机构主任为国际原子能机构（IAEA）出版的《核能促进净零排放世界》撰写署名文章，宣介中国核能发展政策与实践，该书在第26届联合国气候变化大会上正式发布。利用IAEA平台宣介“全球发展倡议”，以及我国核能发展理念成就和核技术服务社会民生的良好实践。与IAEA合作设立昆虫不育、高放废物地质处置、海关一线官员核安保能力建设等3个协作中心。创新“中国—IAEA—受援国”三方合作模式，向巴基斯坦、埃及、埃塞俄比亚、阿根廷提供新冠病毒检测物资实物捐赠，助力发展中国家抗击新冠肺炎疫情。中国国家国际发展合作署与IAEA签署支持发展中国家的开创性协议。与OECD核能署合作，积极推动中方以“参与方”身份加入核能署相关专业技术委员会。

履行核领域国际义务。2021年5月10~21日，高温堆示范工程协助IAEA完成现场核保障设备安装与调试工作；2021年11月4~10日，配合完成IAEA核保障监督视察，示范工程核材料相关记录和账目完整准确，核保障监督设备运行正常，未发现核材料异常情况，满足IAEA核保障监督要求。中国专家受IAEA邀请参加日本福岛核事故污染水处置问题技术工作组。

积极参与WANO全球活动。华能石岛湾公司接受由WANO亚特兰大中心、WANO上海办公室联合开展的高温堆示范工程启动前同行评估，完成首堆装料里程碑纠正行动建议回访和首堆临界里程碑纠正行动建议回访。国家电投集团与WANO定期开展交流，积极参与WANO卓越行动计划，开展各类经验反馈活动，推进海阳核电站运行期间首次同行评估。WANO全球首次面向9台机组的同行评估在秦山核电站圆满结束。2021年11月10日，WANO上海办公室正式揭牌。通过加强经验反馈和绩效改进，国内核电机组WANO综合指数不断提升。

深化国际人才交流。向IAEA跨地区技合项目、居里夫人奖学金项目提供预算外资金和实物支持，举办首期中国—IAEA核能管理学校培训项目，为新兴核能国家基础能力建设和人才培养提供支持。向IAEA推荐多位借调人员、初级专业人员、实习生和免费专家。推荐国内专家、学者近800人次参加IAEA及其他相关国际组织举办的各类核领域交流研讨活动。持续扩大“中国政府原子能奖学金”品牌效应，新接收38位海外发展中国家优秀青年学生来华接受核工程、核技术相关专业研究生教育。

B.10
核技术应用

摘　要： 核技术应用是知识高度密集、多学科交叉、多应用场景的产业，已成为当前我国国民社会经济发展不可或缺的重要领域，成为世界各国必争的战略制高点和优先发展的重要产业方向。2021 年，我国核技术应用在同位素、医学、工业、农业、安保等领域取得较好的成果。

关键词： 核技术应用　同位素　核医学　核安保

核技术应用与物理学、放射化学、医学、农学等学科有密切的联系，涉及电子技术、射频技术、计算机技术、控制技术、成像技术等多种技术的综合应用，不仅对我国科技发展有较强带动作用，而且在推动产业转型升级、提高人民健康水平、维护社会安全稳定、加强生态环境保护等方面发挥着重要作用。

一　同位素产业

放射性同位素及其制品产业化实现突破。2021 年，中核集团同辐公司治疗用碘（^{131}I）化钠胶囊取得药品注册证书，成为 2005 年以来首个获批的国产放射性新药；碘（^{131}I）化钠口服液首次出口印度尼西亚，实现了放药出口的新突破，对放药规模化走出国门、核技术医学应用产业的发展壮大具有重要意义。^{131}I 及碘（^{131}I）化钠口服液生产工艺取得新突破，建立连续稳定运行的

规模化 ^{131}I 及碘（^{131}I）化钠口服液生产线，年产能达 5000Ci。中核高通首批 GMP 级氯化镥（^{177}Lu）溶液顺利供应临床。中核集团同辐公司氟（^{18}F）化钠注射液药物进入三期临床试验阶段；3 项 ^{18}F 标记药物临床前研究获得国家药品监督管理局临床试验批件。目前，^{18}F 6-FDOPA 等若干放射性药物新品种的研制工作正在开展，预计两年内完成首批新药研发工作。

稳定同位素产业发展迅速。中核集团原子能公司完成锗—76 样品生产交付、氙—129 实现海外出口，实现新签合同 5 项，新签合同额 4150 万元。自主开发的稳定同位素 ^{18}O 同位素产品成功应用于 PET-CT 肿瘤诊断药物 ^{18}F-FDG 的研制，实现了国产化替代。全球首批商用堆 ^{14}C 靶件研制正式启动，^{14}C 放射性核素应用范围涵盖幽门螺旋杆菌检测、新药开发、$PM_{2.5}$ 检测等方面。此外，中核集团自主研发并掌握了 ^{13}C 分离的核心技术，正在实施 ^{13}C 分离产业化生产装置建设，高丰度 ^{13}CO 气体富集项目也正式投料并进入运行阶段。

同位素生产能力不断提升。我国自主研发的 ^{15}N 除了满足国内科研领域的需求外，还能够出口国外。我国有百余台专用加速器用于 ^{18}F 等同位素的生产，基本满足大中城市综合性医院临床需要。此外，2021 年，秦山同位素公司成立；华东同位素生产基地开始建设，一期工程包含多条同位素生产线，将切实提升同位素的国产化能力。

二　核医学产业

核技术装备取得重要进展。2021 年 7 月，中核集团同辐股份有限公司与山西医科大学联合发布我国首款国产单光子药物自动配置系统——“辐睿智配”，填补了国内空白。该系统是一款集智能化、高精度、低辐射于一体的全自动放射性药物配制系统，可以提供精准稳定的放射性药物配制功能，大幅提高我国放射性药物配制分装自动化、标准化水平和配制效率，为广大一线医护人员提供健康保障，从根本上改善国内临床上单光子药物主要使用手工分装的现状，为自行配制单光子药物的医院提供优质的产品解决方案，可在未来国家核医学“一县一科”计划的实施中产生良好的经济效益和社会效益。微量放射量（活度）检测器系列产品正式推出，助力突破国内医学发展瓶颈。

核医疗装备国产化加快推进。中核集团同辐股份有限公司完成国产螺旋断层放疗系统 V1 版本产品设计及开发，实现国内生产。该系统是世界上唯一采用螺旋 CT 扫描方式治疗癌症的放射治疗设备，能够显著提高放疗效果与安全性，减少放疗反应，延长患者生存期，提高患者生存质量。2021 年，适用全身的智能化钴 60 锥束聚焦立体定向治疗系统——智能伽玛刀，整合先进影像引导和精准定位六维治疗床技术，为广大癌症患者提供更加精准的放射治疗。在质子治疗领域，中核集团利用“布拉格治疗”技术成功延长了多位晚期肿瘤患者的生命。我国自主研发的超导回旋加速器质子束能量首次达到 231MeV，标志着我国自主研发质子治疗系统到达重要节点，为打破国外在质子治疗装备领域的垄断地位、带动我国精准放疗技术水平的跨越式提升奠定了基础。我国首例特许准入钇（90Y）树脂微球临床治疗肝癌手术成功实施，标志着钇（90Y）树脂微球常规化治疗已正式开启，这将使我国肝癌患者不出国门即可体验国际先进的治疗技术。

医疗污水处理示范项目投产。2021 年，我国首台“电子束辐照处理医疗废水示范装置”通过评审验收并正式投入使用。

三　工业领域

电子束环境应用场景不断推广。中广核技已成功将电子束治污技术应用于抗生素、垃圾渗滤液、危废浓液、制药园区、化工园区、印染纺织、城镇污水、煤化工废水、石油化工废水等领域，在广东江门、湖北十堰、新疆伊宁、湖北汉川等地有多个示范项目，为电子束治污技术大规模商业化应用奠定了基础。我国首个电子束无害化处理抗生素菌渣示范项目在新疆伊宁建成投运，日处理抗生素菌渣 100~120 吨，处理后的抗生素菌渣可制成肥料，实现资源化再利用。

辐照技术应用范围不断扩大。2021 年，工业辐照钴 60 首次全部实现国内自主供应。辐照消杀病毒技术已在海关领域得到认可，口岸辐照消杀病毒已具备技术推广条件。新冠病毒辐照消杀技术取得新进展，有效推动冷链食品新冠病毒防控辐照消杀工业化示范应用，为冷链食品新冠病毒消杀提供一种便捷、无害的技术手段。中核集团同辐股份有限公司开发完成国内首个具备高导热、快散热、高耐热和节能环保特性的辐射交联地暖管项目，现处于市场推广阶段。

四 核农学产业

辐射诱变育种技术持续走在全球前列。我国持续推动辐射诱变育种技术发展，实现在小麦、水稻、玉米、大豆、棉花、蔬菜等作物上诱变育种 60 多个新品种，为我国农作物辐射诱变育种产业打下坚实基础。山东省农业科学院原子能农业应用研究所、中国农业科学院作物科学研究所选育了小麦新品种“鲁原 502”，采用空间诱变与常规育种技术，具有广适、高产、稳产的特点，解决了重穗型品种易倒伏的生产难题。四川省原子能研究院通过将辐射诱变育种与籼粳交杂种技术相结合，创造出恢复力强、配合力高、抗病性好的水稻新品种。碳离子束辐照诱变大豆可以诱发类型丰富的变异，包括株高、生育期、品质性状籽粒大小、抗倒伏以及产量等方面，中国科学院东北地理与农业生态研究所农业技术中心选育了中科毛豆 3 号和中科毛豆 4 号两个品种，应用推广后明显提高了农民经济收入，对农民的脱贫致富及大豆产业的可持续发展起到了促进作用。2021 年，中国农业科学院成功诱导获得谷子单倍体。

农产品及食品辐照加工技术取得较好成就。我国农产品及食品辐照加工技术已经有 50 多年的发展历史，其研究与产业化在国际上处于领先地位。辐照加工是我国农产品不可或缺的技术，部分食品经过辐照之后可以延长货架期，泡椒类食品、香辛料、干果等是我国主要辐照食品。辐照泡椒类食品带动了四川、重庆食品加工产业的发展。此外，辐照还可以起到杀菌的作用。

辐照技术帮助宁夏解决了存在多年的枸杞违法硫磺熏蒸问题，减少了我国粮食和饲料真菌毒素污染。

五　核安保产业

核安保产业智能化、个性化水平不断提升。2021 年，为满足港口新型集运方式查验需求，中核集团同方股份有限公司在青岛海关打造了全球首创智能空中轨道集疏运系统（示范段），打通了集装箱运输港、船、站、场间的“最后一公里”，构建了全新的立体绿色港口集疏运新模式。中核集团全球首套航空箱 CT 安检系统建设工程开工，该工程填补了 CT 技术用于大型航空箱货物安检的空白，是新技术、新设备在民航货物安检领域的一次重大创新应用，为实施海关查验在前、安检在后的业务模式提供了场景支撑。此外，中核集团自主研发的气味嗅探仪兼具快检、精检双模式，灵敏度高、分辨率高、精准度高、响应速度快，于 2021 年首次实现批量销售，丰富了海关入境动植物检疫查验手段，严防外来物种入侵。

核技术为建党 100 周年大会、全运会等各项活动保驾护航。X 光安检机、安检门、手持金属探测器等安检设备已用于建党 100 周年大会、迪拜世博会、第十四届全运会、北京冬奥会等活动。核技术应用为全球大型赛事和会议活动提供了智能化、集成化、可视化的安检解决方案。

重大问题研究篇

Major Issues Research Report

B.11

核工业标准化2035发展战略研究

赵宪庚　王毅韧　康椰熙　张宏伟　李筱珍　郑刚阳　潘建均*

摘　要： 核工业标准化作为核安全的重要保障，在推动核工业安全发展、高质量发展、创新发展，促进核能和平利用方面具有重要意义。本报告通过对核工业标准化发展现状的分析，分别从体制机制、体系建设等方面梳理核工业标准化存在的问题，结合标准化发展趋势及我国核工业发展方向，提出我国核工业标准化体制机制发展战略及标准体系建设发展战略，支撑核工业自主长远发展。

关键词： 核工业　标准化　标准体系

* 本报告为中国工程院“中国核工业标准化发展战略”重点咨询研究项目成果报告，课题组主要成员包括：赵宪庚、王毅韧、康椰熙、张宏伟、李筱珍、郑刚阳、潘建均。

一 引言

核工业是高科技战略产业，是国家安全的重要基石，是彰显大国地位和综合国力的重要标志，在推动国民经济社会发展、保障国家能源安全、提高人民生活水平等方面发挥着不可替代的作用。核工业标准化作为核工业科研生产体系的重要组成部分，是核安全的重要保障，是推动核工业高质量发展、规范核工业生产活动的重要手段，是核工业科技创新、产业结构优化升级的重要推动力。

近年来，在国家相关部委的指导和引领下，我国核工业标准化发展卓有成效，初步形成了核工业标准体系。核燃料循环和核电标准体系已经建立，核技术应用领域标准正在逐渐完善；核工业标准得到初步应用，在我国工程和科研生产中发挥了一定的指导和引领作用；参与国际核工业标准化工作越来越多，发挥作用越来越大，发布了我国首项国际核工业标准，并取得了突破性进展。

党的十八大以来，我国特色社会主义进入新时代。习近平总书记全面分析和准确把握国际国内标准化发展大势，对标准化提出了全新的要求，在致第 39 届国际标准化组织大会的贺信中庄严宣告，“中国将积极实施标准化战略，以标准助力创新发展、协调发展、绿色发展、开放发展、共享发展”①，紧紧把标准化与新发展理念有机联系在一起，融入习近平新时代中国特色社会主义思想的重要内容，赋予标准化重大的责任使命与担当。

为更好地落实习近平总书记提出的标准化战略，进一步提升核工业标准化建设水平和质量，解决核工业标准化发展中存在的问题，支撑我国核工业发展，中国工程院组织开展了核工业标准化战略研究工作。

本报告面向 2035 年基本实现社会主义现代化的远景目标，主要针对核燃料循环、核能、核技术应用三个民用领域的标准化工作，从国家的高度制

① 习近平:《致第 39 届国际标准化组织大会的贺信》，2016 年 9 月 13 日，新华网，http://www.xinhuanet.com//mrdx/2016-09/13/c_135683083.htm。

定新时代核工业标准化发展战略，指引核工业标准化工作的开展，为我国核工业安全、高效、长远发展，实现由“核大国”向“核强国”转变提供支撑。

二 发展现状

（一）管理体制现状

1. 主管机构

国家市场监督管理总局（国家标准化管理委员会）是我国国家标准化和国际标准化的主管部门，负责国家标准化和国际标准化管理工作；中央军委装备发展部负责国家军用标准化管理工作；国家国防科技工业局负责核行业标准化管理工作；国家能源局负责能源行业核电标准化管理工作；国家核安全局负责国家核安全标准化的管理。

2. 标准化技术委员会

标准化技术委员会是开展标准化工作的技术组织，受标准化主管部门委托负责标准技术审查以及其他技术把关工作。

全国核仪器仪表标准化技术委员会负责核仪器仪表领域国家标准技术审查以及其他技术把关工作；受国家标准化管理委员会委托，对口国际电工委员会核仪器技术委员会，负责核仪器仪表领域国际标准化工作。

全国核能标准化技术委员会负责核能领域国家标准技术审查以及其他技术把关工作；受国家标准化管理委员会委托，对口国际标准化组织核能、核技术和辐射防护标准化技术委员会，负责核能领域国际标准化工作。

全国核安全标准化技术委员会负责核安全领域国家标准技术审查以及其他技术把关工作。

核行业标准化技术委员会受国家国防科技工业局委托，负责核行业标准技术审查以及其他技术把关工作。

能源行业核电标准化技术委员会受国家能源局委托，负责能源行业核电标准技术审查以及其他技术把关工作。

（二）标准体系建设现状

我国核工业标准体系主要由国家标准、核行业标准和能源行业核电标准及其他标准构成。截至 2021 年底，现行有效标准 2700 余项，其中包括国家标准、核行业标准、能源行业核电标准、核学会团体标准和 ITER（国际热核聚变实验堆）专项标准等。

1. 国家标准体系

核工业国家标准体系分为核仪器仪表和核能两大领域，其中核仪器仪表领域国家标准有近 130 项，核能领域国家标准有近 170 项。

核仪器仪表标准主要分为通用核仪器标准、核电厂安全重要仪控系统和设备标准、辐射防护仪表标准。核能标准主要分为基础通用标准、核电及研究堆标准、核燃料循环标准、核技术应用标准、放射性物质运输标准、核聚变标准。

2. 核行业标准体系

截至 2021 年底，核行业标准体系现行有效标准 1200 余项，覆盖反应堆、核燃料、发射性同位素、核仪器仪表等核工业科研生产各个领域，以及辐射防护、信息化、质量与可靠性等通用领域。

3. 能源行业核电标准体系

我国核电标准体系建设始于 20 世纪 80 年代，结合秦山核电站和大亚湾核电站的工程经验，急用先编，制定了一批适用于 30 万千瓦、60 万千瓦和百万千瓦核电项目的标准。原国防科工委于 2007 年首次发布压水堆核电厂标准体系。2009 年，国家能源局又发布了新版压水堆核电厂标准体系，并于 2011 年、2013 年和 2015 年分别对该标准体系进行修订升级。截至 2021 年底，能源行业核电现行有效标准达 960 余项。

目前，能源行业核电标准体系形成了包含核电前期工作、工程设计、设备、建造、调试、运行和退役等领域以及 29 个子领域的标准体系结构，覆盖了核电建设全生命周期的各个阶段，较为完整地体现了我国核电产业发展对标准的需求，基本能满足二代改进型核电和三代非能动核电的要求。

4. 国际标准化

我国是国际电工委员会核仪器技术委员会和国际标准化组织核能、核技术和辐射防护标准化技术委员会的参与成员国，全国核仪器仪表标准化技术委员会和全国核能标准化技术委员会对口负责相应专业领域的国际标准化技术工作。目前，我国逐渐在国际核领域标准化工作中发挥越来越大的作用，中国和德国联合承担 ISO/TC85/SC6 秘书处职责，中国担任 ISO/TC85/SC6 副主席和 ISO/TC85/SC6/WG3 召集人。截至 2021 年底，由我国主导制定并发布的核工业领域国际标准已有 10 项，已经立项并正在进行编制的核工业领域国标标准已有 8 项。

5. 团体标准化

在 2014 年《国务院关于印发深化标准化工作改革方案的通知》发布、2018 年新版修订的《中华人民共和国标准化法》实施以后，中国核学会、中国核能行业协会、中国同位素与辐射行业协会等社会团体积极开展团体标准化工作。从 2016 年中国核学会首批发布 2 项团体标准以来，国家核聚变中心全面推进 ITER 专项标准化工作，2017 年首批 11 项核聚变专项标准发布。截至 2021 年底，共发布核领域团体标准和 ITER 专项标准 260 项。

三 面临形势和存在问题

（一）核工业标准化面临的形势

1. 新时代标准化战略对核工业标准化工作提出新要求

实施标准化战略是习近平总书记治国理政新理念、新思想、新战略的重要组成部分。习近平总书记在致第 39 届国际标准化组织大会的贺信中宣布，“中国将积极实施标准化战略，以标准助力创新发展、协调发展、绿色发展、开放发展、共享发展”[①]，确立了标准化的国家战略地位，这既是中国作为负责任大国向国际社会的庄严承诺，也是做好新时期标准化工作的动员令，开启

① 习近平:《致第 39 届国际标准化组织大会的贺信》，2016 年 9 月 13 日，新华网，http://www.xinhuanet.com//mrdx/2016-09/13/c_135683083.htm。

了我国标准化工作的新时代。

2017 年，新《中华人民共和国标准化法》发布，对标准化工作的质量提出了更高要求。强制性国家标准的管理模式发生了改变，并增加了标准有效供给，快速反应市场需求，增加了团体标准，明确了团体标准的法律地位，这将有效推动核工业团体标准的蓬勃发展。

2018 年 1 月 1 日正式实施的《中华人民共和国核安全法》，对核安全标准提出了明确要求和规定，提出国家要从高从严建立核安全标准体系，并将核安全标准明确为强制性标准。2018 年 7 月，国务院办公厅印发《关于加强核电标准化工作的指导意见》，对核电标准提出更高要求。

2021 年，国务院正式印发了《国家标准化发展纲要》，明确提出“标准是经济活动和社会发展的技术支撑，是国家基础性制度的重要方面。新时代推动高质量发展、全面建设社会主义现代化国家，迫切需要进一步加强标准化工作”。核工业作为高科技战略产业，需要核工业标准化管理体系与标准应用体系更加精准地贴近新发展理念，持续增加标准有效供给和标准应用，逐步扩大国际影响力，切实发挥好标准化的基础性、引领性作用，支撑高质量发展。

2. 科技强国、建设现代化经济体系对核工业标准化提出新要求

科技兴则民族兴，科技强则国家强，科技创新是建设现代化经济体系的必由之路，科技强国建设是现代化强国建设的战略支撑。党的十九大报告提出，要坚持坚定不移贯彻创新、协调、绿色、开放、共享的发展理念，要推进优化经济结构、转换增长动力、建设现代化经济体系。核工业是高科技战略产业，是科技创新的重要领域，是国民经济的重要组成部分，是贯彻新发展理念的重要抓手。因此，贯彻新发展理念、助推科技强国战略实施、建设现代化经济体系需要核工业发挥更大的作用，这也对核工业标准化提出了更高层次的要求。

助推核工业产业结构调整，支撑科技创新，需要核工业标准化发挥引领作用。标准化是推动先进核工业技术创新、固化的重要手段，在推动科技成果转化、激发核工业发展新动能等方面发挥着基础战略性作用。依靠标准化

可有效提高核工业重大工程、重大技术、重大装备的整体水平，引领技术创新，提升我国核工业整体竞争力，实现科技强国，这对改变中国制造“大而不强”的局面、推动中国迈入制造强国行列具有重要意义。

促进核工业长远高质量发展，支撑国民经济转型，需要核工业标准化发挥重要保障作用。党的十九大报告指出“我国经济已由高速增长阶段转向高质量发展阶段”，提出建设“质量强国”的宏伟目标。而标准化是质量的重要支撑，标准化发挥的作用将更加凸显。因此，核工业的高质量发展、高效率发展需要核工业标准化来保障，从而不断增强我国核工业以及我国经济的创新力和竞争力。

3．核工业产业发展对核工业标准化提出新要求

核工业新技术的发展需要新的配套标准体系支撑。我国新一代反应堆技术研发已经取得较多成果，特别是在快堆、高温气冷堆和小堆方面，都已经进行了示范堆的建设工作，需要相应的技术标准化作为支撑，从而支撑我国核能技术的升级。在核燃料循环领域，铀矿地质勘查和铀矿采冶的需求越来越大，乏燃料暂存与运输、核燃料循环设施退役工作的开展迫在眉睫，需要总结发达国家标准化发展经验，结合我国核燃料循环产业发展需求，及时开展标准体系研究，研制相关领域标准。近年来发展迅速的核技术应用产业，在医学、农业、检测、计量等领域都有着良好且广阔的应用空间，需要核工业标准化来及时总结技术成果、推广技术应用，从而进一步引领技术发展。

核工业“走出去”战略对标准化的国际化影响力提出高要求。国务院印发《深化标准化工作改革方案》，明确了要提高标准国际化水平。鼓励社会组织和产业技术联盟、企业积极参与国际标准化活动，争取承担更多国际标准组织技术机构和领导职务，提高话语权。核工业标准化应满足服务“一带一路”倡议，促进沿线国家政策沟通、设施联通、贸易畅通的新要求。

人工智能等信息化新技术与核工业加速融合对标准化提出新需求。随着信息化新技术的发展，人工智能、大数据、5G、区块链等新技术逐渐或即将在核工业领域得到应用，促进核工业全产业链的转型升级，数字化核电厂、

智能制造、智慧车间已经相继出现。为适应行业发展需求和国家政策要求，核工业标准化需要及时总结核行业的人工智能等信息化新技术在科研、设计、运行、生产制造等方面的经验，制定与之相适应的核工业标准，支撑核工业的转型升级。

（二）核工业标准化存在的问题

1. 统筹协调不足，制约核工业标准化长远发展

一是核工业标准化相关部门之间缺乏统筹协调。目前，核领域的国家标准、国家军用标准、核行业标准、能源行业核电标准分别由不同的部门负责，核工业标准处于分散管理状态，标准化整体建设顶层设计不足，各类标准之间的界限难以明晰，核工业标准化管理没有建立有效的统筹协调工作机制。

二是主管部门内部的科技管理部门与业务管理部门之间缺乏统筹协调。通常，核工业标准化的管理工作在科技管理部门，核工业重大科研项目、工程项目的管理工作在业务管理部门；业务管理部门负责核工业重大科研项目、工程项目的立项至验收，科技管理部门负责标准立项至发布的实施。缺乏标准化与项目同步开展机制，容易导致核工业重大科研项目、工程项目的成果不能及时转化为标准；发布实施的标准也不能对核工业重大科研项目、工程项目起到较好的支撑和保障作用。

三是各利益相关方之间缺乏统筹协调。在核工业标准编制方面，不仅涉及上述主管部门的职责，也涉及企业及科研院所等众多标准单位的利益和诉求。参与主体越多，达成一致需要的时间就越长，这增加了标准的协调难度，造成标准编制的成本升高、效率降低。

2. 全生命周期管理不平衡，制约核工业标准化良性循环发展

核工业标准化工作重“前端”轻“后端”，标准实施监督和反馈机制不健全。目前，我国核工业标准化的工作重点仍在于标准的立项、编制阶段，未建立健全标准实施监督和反馈机制，全生命周期管理不平衡，导致当前不少核工业标准虽然已经发布，但没有得到较好的应用，国内核电工程或项目

中的一些关键技术标准仍主要使用国外标准，核工业标准的质量不能通过核电工程或项目应用得到及时提升。

核工业标准化工作重“立项”轻“维护”，标准更新速度不能满足行业需求。目前，我国标准化工作采用定期标准复审工作模式，标准一般在发布 5 年后启动复审工作。但有些工程技术更新较快，这种定期标准复审工作模式已经不能及时将工程技术的最新要求反馈到标准中。

3. 标准体系不健全，制约核工业标准化对核工业的支撑

核电标准体系有待进一步完善。我国将从“核大国”向“核强国”迈进，这就要求我国核电标准体系建设应向高质量供给目标迈进。从核电发展形势与需求来看，我国现有核电标准供给仍然存在明显的不足和短板，我国现有核电标准的应用情况还不理想，不能满足产业发展的需求。与我国安全高效发展核电战略相比，仍然需要提升标准质量以高效支撑产业发展；与我国核电“走出去”战略相比，仍然需要提升标准自主化水平以推动自主技术、产品和服务“走出去”；与我国核电创新发展形势相比，仍然需要不断提升现有核电标准的适用性、先进性并增加标准供给以满足新机型和新技术对标准的需求。随着我国核电的不断创新，“华龙一号”、CAP 系列核电、高温气冷堆、快中子反应堆、水冷小型模块化反应堆等堆型或机型不断发展，新的技术、新的材料和新的工艺不断推出，对核电标准体系提出了新的需求，缺失的标准亟待补充完善。

核燃料循环技术领域标准体系还需进一步健全。综观现有核燃料循环技术和产业标准，总体数量相对有限，涉及的领域也不全面，覆盖的点还很分散。国内在地浸采铀、核燃料元件制造、高放废液玻璃固化等先进核燃料循环技术领域都取得了重要突破，但是相关标准体系尚未健全。

核技术应用标准体系尚未建全。当前，我国核技术应用产业已经步入快速发展期，未来有望达到万亿元规模。作为战略新兴产业，我国核技术应用的很多领域都展现了前所未有的发展态势，但标准数量和质量都无法满足要求。一方面是标准数量严重不足，部分领域标准仍为空白或是标准很少，有些已有标准标龄过长，长期未进行修订升级；另一方面是核技术应用领域属

于多专业交叉的学科，标准分散管理现象严重，导致标准引领核技术应用产业发展的作用不大。

4. 预先研究不足，制约核工业标准化自主发展

核工业标准化与科技创新、产业发展未同步开展，标准适用性不强。在核工业重大科研项目、工程项目建设过程中，未同步规划标准化工作，对工程建设、科技创新的成果不能够及时形成标准，既不利于后续工程建设和科技创新推广应用，也不利于后续标准化工作及配套标准的建设工作。例如，我国自主研发建设的全球首座高温气冷堆示范工程已经正式运行，但相关标准还很少，缺少成体系的自主标准支撑。

核工业标准预先研究不足，标准自主化水平不高。目前，我国核工业对于标准的预先研究重视不够，投入明显不足。有些标准中的基础数据、指标要求等直接参考国际或国外标准，缺少对标准相关数据的积累和分析，对标准中的关键要求和指标也没有进行试验研究和验证等工作。这一方面导致现有核工业标准对于我国的适用性无法保证，另一方面难以对预先研究工作予以支撑，导致我国核工业标准只能长期处于跟随国际或国外标准的状况，影响我国核工业的长远发展。

5. 国际影响力不高，制约核工业标准化对“走出去”的支撑

承担的国际标准化组织职务少。国际标准化组织核能技术委员会和国际电工委员会核仪器技术委员会是国际上与核能相关的两个重要的标准化组织，主要由美、法、德、俄 4 国主导，主席和秘书都由这 4 国担任。

主导编制的国际标准数量少。国际标准化组织核能技术委员会正式发布的 221 项国际标准中没有我国主导编制的标准。国际电工委员会核仪器技术委员会正式发布的近 200 项标准中只有 5 项是由我国主导编制的。国际标准化组织核能技术委员会下设工作组中仅有 SC6/WG3 的召集人来自我国，其余工作组的召集人都是其他成员国专家。国际电工委员会核仪器技术委员会下设工作组则无我国专家担任召集人。

承担或参与国际核工业标准化技术活动少。国际上，一些标准化组织牵头开展了一系列与标准相关的技术活动，但由于多种原因，我国的参与程度

不高，这既不利于展现我国的工业技术水平，更不利于扩大我国核工业标准在国际上的影响力。

6. 支持保障能力不够，制约核工业标准化可持续发展

企业对核工业标准化工作重视不够。在标准立项后，由标准项目申请单位负责联合参编单位组建标准编制组，开展标准的编写工作。但标准编写任务往往在单位任务中被边缘化，标准编写人员技术水平也不能保证，最终导致标准编写质量参差不齐。

核工业标准化人才队伍建设亟待加强。当前，我国核工业标准化人才相对匮乏，特别是标准化高级人才和国际人才明显不足。目前，从事核工业标准化工作的人员数量不足，他们的科研经验和工程经验也相对缺乏，这是制约核工业标准化跨越发展的瓶颈。

核工业标准化经费投入严重不足。目前，国家和企业没有专门的标准化经费，对标准相关的基础研究和试验验证支撑严重不足，导致当前核工业标准自主化研究严重不足，制约了核工业标准化工作的自主化发展。核工业属于国家战略产业，市场化程度低，主要依靠国拨经费，但国家投入的科研经费严重不足。同时，各企业也对标准化的重要性认识不足，导致经费投入严重不足。

四　指导思想、基本原则和发展目标

（一）指导思想

以习近平新时代中国特色社会主义思想为根本遵循，深入贯彻党的十九大及十九届历次全会精神，深入落实习近平总书记对核工业发展的一系列批示指示，强化标准引领，完善核工业标准化管理体制，优化核工业标准化工作机制，健全核工业标准化体系，加强核工业标准化国际合作，坚持自主发展、创新发展、开放合作，建立全面、权威、先进、协调的新时代核工业标准化体系，支撑先进核工业科技体系的构建和核工业全产业链高质量发展，促进我国由“核大国”向“核强国”迈进。

（二）基本原则

坚持自主发展。坚定不移地发展和应用我国自主核工业标准，以工程和技术需求为导向，制定与我国核工业基础匹配的自主核工业标准。以标准应用为引领，通过政府引导、企业激励等措施，加强标准在我国自主科研工程的应用。同时，建立标准化与工程、项目同步开展的协调机制，双管齐下加强标准应用，促进自主核工业标准的完善。

坚持创新发展。坚持瞄准制约我国核工业发展的关键技术性问题，注重数据积累和有效利用，开展标准化基础研究工作，支撑核工业标准高质量和自主化发展。对于引进技术，要避免“拿来主义”，做好消化吸收再创新工作，标准化工作要做到“知其然更知其所以然”。

坚持开放合作。积极响应国家号召，参与“一带一路”倡议和“走出去”战略，全方位提升国际化交流能力和对产业的支撑能力。持续与国际标准化接轨，拓宽合作渠道、提升合作层次、丰富合作方式，全面提升我国核工业标准化的国际影响力。

坚持融合发展。以国家标准化发展战略为纲领，做好核工业标准化融合发展，统筹工业基础标准与核工业领域标准之间的融合发展，协调国家标准、行业标准、团体标准及企业标准的融合发展，实现资源的有效配置。

（三）发展目标

1. 2025 年目标

强基固本，支撑我国核工业高质量发展。核电标准质量进一步提升、体系进一步优化健全，核燃料循环体系基本健全，核技术应用标准体系基本建立，标准应用得到加强，标准化国际合作稳步开展，建立基本完整的核工业标准体系。具体目标如下。

核电标准：实现核电标准技术路线自主统一，现有核电标准体系进一步健全，全面满足“华龙一号”“国核一号”等三代核电建设需求，标准协调性和适用性进一步提高。

核燃料循环标准：核燃料循环标准的前端后端标准体系基本健全，完成燃料元件、核设施退役、放射性废物治理等重要标准的编制。

核技术应用标准：核技术应用标准体系初步建立，完成辐照技术、加速器、核医疗等技术成熟领域的标准编制。

标准化基础研究：形成标准与科研项目或工程同步开展机制，科研成果和工程经验转化能力得到加强。建立核工业标准化试验平台，标准化研究能力得到加强。

标准化国际合作：核工业标准化领域中，我国主导编制的国际标准数量稳步上升，国际影响力得到提升。

2. 2035 年目标

全面提升，支撑核工业强国建设。核工业标准化管理体系协调统一，核工业标准化工作机制健全完善，标准自主化水平显著提高，标准应用得到显著加强，标准技术水平基本实现与核工业强国“并跑”。具体目标如下。

核电标准：核电标准的自主化水平全面提升，核电标准体系适用性进一步增强，全面满足高温堆、快堆、小堆等核电堆型建设需求，核聚变标准逐渐完善。

核燃料循环标准：形成完整的核燃料循环标准体系，关键核心技术领域标准全部自主可控、具有自主知识产权，标准的整体质量和先进性显著提升，实现对核燃料循环活动的全方位支撑。

核技术应用标准：核技术应用标准体系进一步健全，覆盖放射性同位素技术、辐射技术、核医疗、核环境治理与公共安全保障等领域，完成重要标准的编制。

核工业标准应用：核岛机械设备等重要领域核工业标准在我国自主工程中的应用得到明显加强，我国自主核工业标准在科研生产和工程设计、建设中的应用比例达 80% 以上。

标准化基础研究：建立核工业标准化试验平台，形成我国自主核工业标准数据库，建立适应我国核工业的相关设计公式或曲线，全面支持我国核工业自主化发展。

标准化国际合作：主导编制的国际标准数量再上升，在部分技术委员会、分技术委员会或秘书处中担任职务。核工业标准得到贸易国的认可，在海外工程中得到应用。

3. 远景目标

国际引领，与社会主义现代化强国相匹配。到21世纪中叶，建成全面、权威、先进、协调的新时代核工业标准体系，完成我国核工业标准化事业的重要历史使命，支撑现代化核强国建设。到2050年，核工业标准化管理体系充分协调统一，核工业标准化工作机制健全完善，新时代我国核工业标准将在世界核工业标准化工作中发挥引领作用。

五　重点任务

（一）坚定不移发展自主核工业标准，支撑核工业长远发展

标准的自主化水平将直接影响我国核工业标准发展，进而影响我国核工业的自主创新发展和海外发展。面临当今风云变幻的国际形势，没有自主化就等同于没有话语权，就时刻有受到制约的风险，要建成“核强国”，就必须坚定不移地发展自主核工业标准，主要措施包括以下几方面。

1. 提升我国核电标准自主化水平和先进性

在我国现有核电标准的基础上，充分总结、巩固我国核电工程技术经验、科研成果，加强试验验证，持续完善核电标准体系，优化体系框架结构，统一标准技术内容，提升标准自主化水平。

开展新一代核能技术标准研制。提前布局，依托我国正大力发展和建设的快堆、高温气冷堆以及小堆等新一代核能技术项目，总结工程设计、建设以及运行中的技术成果和工程经验，分别开展相应标准体系的建设和标准研制工作。

同步开展核聚变堆技术标准体系建设。关注核聚变标准化工作需求、国际核聚变设计工程需求和中国核聚变工程的设计和研发进展，逐渐完善标准体系，进行技术成熟领域的标准编制，探索创新技术的标准预研。

2. 健全核燃料循环标准体系

高质量标准供给工程。在铀矿地质勘查采冶、铀转化、铀浓缩、核与辐射安全等我国已基本掌握核心技术的产业领域，全面提升标准质量，开展绿色和数字化铀矿地质勘查采冶等相关标准研制，加快铀矿地质勘查采冶、铀转化、铀浓缩、核与辐射安全的先进标准编制步伐，促进提质增效，支撑产业转型升级。

自主标准建设工程。总结自主三代核电燃料元件、高温气冷堆燃料元件、AP1000 燃料元件等元件的研制经验，构建相应燃料元件标准体系并做好有关标准研制。同步开展新型燃料元件研发和关键标准研制。

重大工程标准支撑工程。落实创新驱动发展战略，推动标准化与核燃料重大工程任务同论证、同部署、同实施，开展核设施退役及放射性废物治理标准建设，发挥标准对重大工程建设的支撑和保障作用，促进科技成果及时转化为技术标准。

3. 建立我国核技术应用标准体系

调研分析国际上和国外发达国家核技术应用现状和标准化现状，结合我国在核技术应用方面所积累的技术经验和标准化经验，开展核技术应用标准体系研究，构建核技术应用标准体系。围绕同位素制备、放射性药品、标记化合物、同位素技术应用以及辐射化工、辐射技术装置制造、辐射加工服务、环境治理与公共安全保障等开展标准研究和制定工作，满足核技术应用产业发展对标准的要求，指导和规范核技术应用工作的开展，引领核技术应用产业的发展。

4. 推进核工业人工智能等信息化新技术标准建设

开展核工业人工智能等信息化新技术标准建设，关注未来几年人工智能等信息化新技术在核工业全产业链的应用需求和产业升级需求。主要技术方向包括铀矿地质勘查采冶的全数字化、可视化平台，核燃料元件智能生产与智能制造平台，核电设计与建造一体化、数字化、全寿期平台，以及行业管理和企业经营应用大数据、云计算技术智慧平台。加强核工业领域人工智能等信息化新技术标准体系的顶层设计，推进核工业领域人工智能等信息化新技术重点标准编制。根据标准体系框架，针对产业链各环节标准特点对各单位进行深入研究，关注具有核工业特点的信息化新技术标准编制。

（二）多措并举推动标准应用，培养自主标准成长

应用是延续标准生命力的根本保障，由于我国核工业标准起步较晚，体系和质量都还存在不足，需要采用一些措施促进标准的应用。应对我国核工业标准加以培养，使其在应用中得到完善，最终成为先进的核工业标准。参照国外核工业国家的做法，应分别从主管部门、监管部门以及企业三方推动我国核工业标准的应用，具体措施包括以下几方面。

1. 政策引导，加强标准应用

政府部门在制定技术法规、管理制度和相关政策时，如果涉及技术内容，应积极应用我国的核工业标准，使标准成为战略、规划、政策制定和实施的支撑工具。相关行业主管部门和监管部门应制定或完善相关法规和部门管理的规章制度，在政府监管、重大项目立项审评、核安全审评、政府采购、国家重大工程招标、安全生产评审中引导应用我国核工业标准，将应用我国核工业相关标准的比例作为政府进行审批的一项重要参考指标，将应用我国核工业标准作为税收优惠、市场准入简化手续等优惠措施的重要依据，提高行业应用我国核工业标准的积极性。

2. 核安全认可，推动标准应用

完善与核安全相关的标准认可制度，创新认可模式，在核安全法规和部门规章中应用我国核工业标准，加强标准对核安全监督和审评的支撑，为我国核工业相关标准的实施和监督创造条件。

3. 行业鼓励，促进标准应用

鼓励行业协会、学会等相关社会团体组织在开展同行评估、评奖、合格评定、供应商评价等工作中采用我国核工业标准，将我国核工业标准作为相关工作的重要技术依据，促进我国核工业标准的广泛应用，提升工作质量和效率。鼓励企业将标准化战略融入企业文化，建立积极参与标准化活动和实施标准的制度，将标准化工作纳入企业科技、管理、创新等方面的评价和奖

励，将实施标准与创新研究、产品开发、生产运行、技术服务深入融合，发挥标准的规范和引领作用。

（三）优化标准全生命周期工作机制，支撑核工业标准化高质量发展

1. 健全标准实施反馈机制

加强核工业标准全生命周期的管理工作，将标准化工作从注重标准的编制向注重标准的全过程管理转变，加强对标准实施、反馈等环节的管理，健全标准实施反馈机制。进一步完善核工业标准使用答疑和信息反馈工作流程，打通标准的实施反馈渠道。

2. 强化标准化技术委员会委员职责

强化标准化技术委员会在标准体系维护上的主体作用，实行标准化技术委员会定期会议制度，在标准编制建议、在研标准审查、研究报告审议、技术议题答疑等方面，充分发挥技术把关作用，从而保证标准化工作的有序性、标准建设思路的延续性，提升标准化技术委员会的技术性和权威性，增强委员的参与感、获得感。

3. 加强标准编制工作要求

对编制单位和编制组人员加强要求，编制组应由本领域从业多年、具有较强专业背景和能力的人员组成，同时，技术委员会专业组按专业分工指派委员加入编制组参与指导；对编制组工作制度加强要求，编制组应进行充分讨论，对行业反馈意见进行充分研究，在内部达成协商一致；对编制文件加强要求，在标准编制过程中针对关键技术条款编制进行详细阐述，必要时需要提供相关研究报告，对所编制标准给予充分技术支撑。

（四）加强核工业标准国际化合作，助力核工业国际化发展

1. 积极履行国际标准化组织秘书处职责，发挥中国作用

积极参与国际标准组织活动，在相关国际标准化工作中发挥更大作用。一是全力承担好我国作为 ISO/TC85/SC6 副主席和联合秘书承担国的职责；二是积极履行有关工作组召集人的职责，全力做好组内技术协调和引导工作；

三是适时积极申请担任ISO/TC85、IEC/TC45或其分技术委员会（SC）主席或秘书，有针对性地申请加入新工作领域分技术委员会并担任主席或秘书。

2. 积极牵头和参与国际标准制定，助推我国标准“走出去”

定期征集核能领域的国际标准提案，将技术先进、条件成熟的提案向对应国际标准化组织申报立项，推动新标准提案的立项，提高牵头编制的国际标准的质量，积极参与其他国际标准的制定。做好国内技术归口和国际投票工作，参与ISO、IEC各成员国提出的相关提案。

3. 多样化探索推进与核工业贸易国标准化合作

加强与核工业强国的标准技术交流与合作，推动标准互认、标准共建及技术交流，扩大我国核工业标准的国际影响力。具体任务包括：一是积极深化与法国、美国等国家的相关核工业标准化组织的合作，定期组织双边技术交流活动，推动我国标准与国外标准的技术融合和认可；二是推进与核工业贸易国的标准化合作，加强对核工业贸易国行业政策、监管体系和标准体系的研究，推动建立双边、多边合作机制，强化标准与政策、规则的有效衔接，推动我国核工业标准在核工业贸易国的应用，探索开展标准共建工作。

（五）持续加强标准基础研究，支撑标准的自主化发展

联合各相关科研院所，以各科研院所已有试验室为试验平台，并结合需求自建试验室，建设核工业标准创新试验平台，加强核工业标准化基础试验研究。

一是解决成果转化不理想的问题。开展相关领域新技术的标准试验研究，实现由单纯的标准翻译或编制向标准研制的转变，推动核工业技术创新和成果转化；二是解决长期依靠国外标准的问题。通过核工业标准的基础研究解决长期以来核工业标准中“卡脖子”的问题，通过试验研究形成有自主知识产权的标准，改变长期依靠国外标准的现状，真正提升我国标准的自主性和竞争力；三是解决标准化实施监督的问题。依托试验基地开展标准实施监督、检验检测、认证等工作，作为第三方为行业提供技术支撑和服务，提升核工业标准的权威性。

六 政策建议

（一）建立新时代核工业标准化协调推进机制

依托国务院协调推进部际联席会议制度，设立核工业标准化协调推进工作组。负责统筹核工业标准化政策和资源，协调解决核工业标准化发展中的重大问题；对跨部门或企业的、需要协调的重大任务，以及存在重大争议的核工业标准化工作进行协调，并进行督查落实；为核工业标准化工作提供政策引导、资源保障。重点解决三方面问题：一是多部门管理，标准协调和界限划分的问题；二是多线管理，工程或科研项目与标准化工作脱节的问题；三是多方参与，利益相关方重大争议协调的问题。

（二）建立重大项目与标准化同步发展机制

在国务院统筹协调下，国家标准化管理委员会、科技部、国防科工局、国家能源局等部委积极促进工程经验和科研成果向核工业标准的转化，建立良好的转化机制。在核工业重大科研项目、工程项目的审批中，明确要求开展标准化研究工作，将标准化成果作为考核和验收指标，建立重大项目与标准化同步发展机制，保障工程经验或研究成果的总结和推广应用。

（三）建立核工业法规或规章对核工业标准引用机制

加强核工业相关标准制定部门和相关主管部门、监管部门的合作，在核工业相关法规和部门规章制定中积极引用我国核工业标准，充分发挥核工业标准对核工业相关法规和部门规章的支撑作用，为我国核工业相关标准的实施和监督创造条件。

（四）建立持续的多元化标准化经费投入机制

建立国家财政支持和企业出资的多元化标准化经费投入机制。由国家财政出资支持核工业标准化组织管理工作及专项研究工作；本着“谁受益谁出资”的原则，由各涉核集团公司出资成立核工业标准发展基金，支持核工业标准编制和研究；各单位投入标准化专项经费，支持本单位人员参加标准化工作。

（五）实施核工业标准化管理人才战略

充实标准化管理人才队伍。通过标准化专业知识培训、核工业企业现场实习等方式，提升现有核工业标准化管理人才的专业化水平，做到既精通标准化知识又了解核工业相关领域知识，打造核工业标准化管理复合型人才。根据核工业标准化事业需要，广泛引进标准化管理人才，扩充标准化管理人才队伍，支撑标准化工作长远发展。

健全人才队伍激励机制。制定优秀标准化工作者奖励办法，定期评选优秀标准化技术委员和优秀标准化管理人员，提升专业人才参加核工业标准化工作的积极性。企业加大标准化人才支持力度，各核工业相关企业制定和完善相关激励政策，鼓励专业技术人员积极参与核工业标准化工作，增加参与核工业标准化工作在职称评定、绩效考核、先进评选等方面的评价指标权重。

专 题 篇

Special Reports

B.12

核电机组延续运行的安全保障

尚宪和[*] 陶 钧 姜 赫（中核核电运行管理有限公司，浙江海盐 314300）

摘 要： 本报告基于秦山核电厂 1 号机组运行许可证延续示范工程的成果和经验，从技术层面、监管层面两个角度阐述核电机组延续运行的安全保障。其建立的核电厂延续运行技术路线、技术方法、行业标准、实践经验可为我国核电厂后续开展运行许可证延续工作提供参考和借鉴。

关键词： 运行许可证延续 老化管理审查 时限老化分析 FSAR 增补分析 环境影响评估

---

* 尚宪和，正高级工程师，中核核电运行管理有限公司副总经理，长期从事核电厂技术、科技创新研究及信息管理。

一　前言

根据统计资料，全球在运核电机组中，有近2/3的机组运行已超30年，逐渐面临延续运行或退役的选择，当前主流核电国家基本倾向选择延续运行的策略。

国际原子能机构（IAEA）网站发布的数据表明，截至2021年7月，全球运行年数超过40年的在运机组有103台，分别为美国46台，俄罗斯11台，法国11台，加拿大6台，英国4台，瑞士3台，比利时3台，芬兰4台，印度4台，日本4台，阿根廷1台，亚美尼亚1台，荷兰1台，巴基斯坦1台，瑞典2台，乌克兰1台。

美国核管会（NRC）网站发布的数据表明，截至2021年7月，美国共有94台机组通过NRC的许可证更新，运行期限由40年延至60年；6台机组通过NRC的许可证二次更新，运行期限可延至80年。

当前，国际上主流的核电厂延续运行监管策略除了采用美国的执照更新策略，还采用IAEA的长期运行策略。前者一般在机组运行20年的时候开展评估工作，通过递交申请以证明机组延续运行的安全性，从而使运行执照得以更新并延长20年。后者起先是在第三次定期安全审查（PSR）时加入延续运行的老化管理审查内容，评判是否批准机组的下一个运行期限。2018年，IAEA发布了新版导则SSG-48，基于IGALL项目的研究成果，将老化管理和延寿运行的技术路线、方法等进行调整，SSG-48的评估范围、审查方法和验收准则等都与美国的执照更新做法比较接近，并要求应根据各国的监管规定进行适当的调整。

美国的延续运行审查是一种有针对性的审查，通过审查核电厂的关键设备寿命时限、存在的老化效应、制定的老化管理措施来确定延续运行是否可行。而与核电厂寿命无关的、原有的安全分析结论和许可证条件仍然按正常运行监管要求严格执行和审查，这样能避免延续运行评估中，评估人员（电厂方）和审查人员（监管方）被其他与延续运行无关的问题分散对延续运行问题的聚焦程度。总的来说，美国的体系较为成熟，法规层次分明、流程可操作性强，对于我国更具有借鉴意义。

秦山核电厂作为我国大陆地区首个自主设计、自行建造、自主运营和管理的核电厂，于 1991 年 12 月并网发电，2021 年运行许可证到期。由于国内尚无运行许可证延续（OLE）的先例，从监管方到运营方，从设计方到制造方，核电业界全体同人都非常重视国内首个核电厂运行许可证延续工作的开展，自 2012 年起就积极开展对 OLE 法规体系、技术体系的建立和研究，通过多年不懈努力，实现了秦山核电厂 1 号机组的延续运行，为后续核电机组的延续运行提供了指导和借鉴。我国运行许可证延续体系与国外主流体系的比较如表 1 所示。

表 1　我国运行许可证延续体系与国外主流体系的比较

	美国	IAEA	我国
策略	采用执照更新（LR）模式； 在 40 年许可证有效期的基础上，每次延续 20 年； 仅开展 OLE 安全评估，PSR 等改进活动属于日常监管内容	早期为长期运行（LTO）（通过定期安全审查确定后 10 年的运行期）； 2018 年开始转变趋近于美国执照更新的做法	包含美国 LR 考虑的所有要素； 增加了 IAEA 关于 PSR 的考虑； 重新考虑了适应我国法规体系的延续运行环境评价等
范围（对象）	“非活动 SSCs 的安全审查 + 环境审查”	“定期安全审查 + 老化管理审查”	“非活动 SSCs 的安全审查（含老化管理审查）+ 环境审查 + 定期安全审查”
法规体系特点	成熟完整、层次分明、对象清晰	延续性、普适性	当前升版的 HAF103 中已包含了 OLE 内容，对象明确
流程特点	方法具体、操作性强	逻辑性与原则性强、可操作性略有不足	针对性强、可操作性强

二　OLE 技术体系对延续运行安全的保障

（一）技术体系的科学建立

核电厂的初始设计寿命是由当时的政策、经济、科技等多个维度的因素综合决定的，设计寿命到期时通过安全评估及核安全监管当局评审后继续运行是国际上普遍采取的做法，对于我国来说，核电厂 OLE 也是实现核电可持续发展的一种良好模式，是减少碳排放、助力实现国家“双碳”目标的有效手段。

核电厂达到设计寿命后，由于运行期间的瞬态控制和运行条件优于设计假设，通过再评估来实现运行期限延续是可行的。核电厂延续运行并不是实际寿命到期后的超期服役行为，而是在核电厂具有可接受的技术性能和安全水平条件下的“实际寿期”内的运行行为。它全面识别了运行时长增加可能产生的各种安全影响，并开展有针对性的改进和提升活动，其延续运行安全是可以得到保障的。

我国核电厂所采用的运行许可证管理模式决定了延续运行技术路线借鉴和参考美国核电厂执照更新技术体系更为合适。同时，我国结合国情，参照 IAEA 的安全原则与要求，充分结合历次 PSR 的审查结果，实施了安全基准提升活动，保证和提高核电厂长期运行的安全水平，形成全面覆盖但不限于美国执照更新范围的、适用于我国的延续运行技术路线。

秦山核电厂制定了满足我国核安全监管要求的 OLE 安全评估技术路线，在吸收国外良好实践的基础上建立了国内首个 OLE 安全评估体系，能够科学地覆盖延续运行各方面的影响因素。核电厂运行 OLE 安全评估体系见图 1。

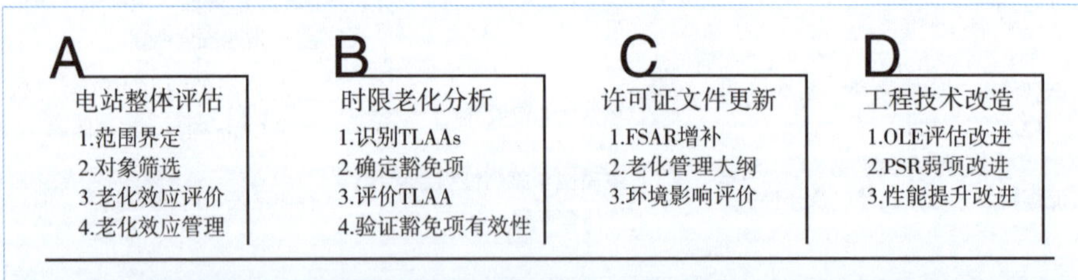

图 1　核电厂运行 OLE 安全评估体系

（二）评估范围的全面覆盖

为确保安全评估的完整性，秦山核电厂和监管方、行业内专家共同制定了满足 OLE 评估需求的范围界定原则，不但考虑了所有的安全级核电厂系统、构筑物和部件（SSCs），还考虑了非安全级但故障后会影响安全级 SSCs 执行功能的 SSCs，并对核安全监管要求和许可证条件涉及的 SSCs 以及国际上延续运行经验反馈涉及的 SSCs 都进行了考虑，确保了与延续运行安全有关的所有物项都被纳入了评估范围。

1. 安全级 SSCs

《核电厂最终安全分析报告》（FSAR）描述了安全重要 SSCs 所承担的基本安全功能，这些基本安全功能包括控制反应性、排出堆芯热量、包容放射性物质和控制运行排放，以及限制事故释放量。

为实现范围界定，在确保上述原则之间逻辑关系的前提下，按照电厂级、系统级、设备级、部件级逐级进行筛选，可以界定所有与 OLE 相关的对象。界定范围时，除了要清晰保留筛选痕迹，确保界定的对象可追溯依据的原则，还可以直接采用已有的核级设备清单进行判断，使界定工作更加高效、便捷。

根据机械设备、电仪设备、构筑物的不同特点，其界定流程有所区别。例如，机械设备宜按照系统图，以人工审查的方式按照先系统后设备的流程逐级界定；电仪设备同样可以按照从系统到设备逐级界定的流程进行界定，也可以直接围绕所服务的设备进行界定，其前提是核电厂已开发了完备的设备管理数据库。

在界定安全重要 SSCs 时，因核电厂设计时已根据安全重要 SSCs 的安全功能和安全重要性对其进行了分级，在具体界定时，可以将核电厂安全级 SSCs 直接进行界定，若某些核电厂的安全级 SSCs 清单内容超出上述三大基本安全功能涉及的范围，可根据上述三大基本安全功能进行排除。

2. 非安全级 SSCs

对于非安全重要但故障后会影响安全的SSCs，其筛选工作就要复杂得多，秦山核电厂按照是否对安全级设备构成潜在威胁的原则来确定非安全级设备的评估范围，开展相关的评估，制定相应的预防和缓解措施，才能确保其在延续运行期间不会影响原预定的安全功能。

按照上述原则和流程实施安全界定过程，研究发现，在核电厂非安全重要 SSCs 中，有一些在故障时可能影响安全重要 SSCs 执行功能的 SSCs，其类别主要有几种。

（1）核电厂现行安全论证基准（主要是 FSAR）中存在的一些非安全重要 SSCs

飞射物：核电厂一些内、外部事件（如转动设备故障）可能产生飞射物，非安全级 SSCs 用来保护周围安全级 SSCs 免受这些飞射物影响。

吊车：核电厂中的高空装卸系统，如反应堆厂房内的环形吊车、燃料厂房内的桥式吊车，在使用时其负载坠落可能会影响周边安全重要SSCs的安全，或直接造成核燃料破损、放射性外泄。

水淹：为安全重要 SSCs 提供防洪屏障的所有非安全 SSCs，如海堤、排洪沟等。

高能管道破裂：为避免高能管道破裂影响安全重要 SSCs，核电厂设计和安装了管道防甩件、冲射流屏蔽墙等。

（2）核电厂现行安全论证基准外存在的一些非安全重要 SSCs

对于与安全级 SSCs 直接相连的非安全级 SSCs（通常是管道系统），从安全级 SSCs 开始，经过安全 / 非安全交界面直到第一道抗震锚固件或等效锚固件的非安全级管道系统和支撑，都属于 OLE 安全评估范围。对于这一类 SSCs 的界定，可通过查找系统流程图和管道布置图进行，并辅以必要的现场勘查来确定。

对于不直接连接到安全级 SSCs，或连接在第一道等效锚固件外的非安全级 SSCs，如果它们的故障会阻碍安全重要 SSCs 功能的实现，那么就属于界定范围之内。这种情况可能在现有的安全论证文件中没有体现，须由现场勘查确定。

3. 其他 SSCs

其他已经考虑的 SSCs 包括以下内容。

第一，国内监管要求涉及的 SSCs，包括但不限于：《核电厂最终安全分析报告》中所描述的防火设计、火灾探测和灭火系统；《核电厂最终安全分析报告》中所描述的超设计基准事故的预防或缓解设施；未纳入《核电厂最终安全分析报告》，但经国家核安全局批准或国家核安全局所要求的改进项。

第二，参考行业经验反馈确定的 SSCs，如国际上针对消防、环境鉴定、承压热冲击、未能紧急停堆的预期瞬态、全厂断电等事件所采取的预防和缓解措施中涉及的 SSCs。

（三）评估技术的深入研究

OLE 安全评估是核电厂延续运行的重点工作，其既包括 OLE 主体评估技术，也包括支撑评估的基础技术，如材料老化行为研究、监检测技术、特种维修技术等。

秦山核电厂制定了“安全评估 + 安全改进”的 OLE 项目总体方案。全面开展了老化管理对象筛选、老化管理审查、时限老化分析、环境影响评估、最终安全分析报告增补分析等研究工作，并对老化管理大纲体系予以完善，同时根据 OLE 安全评估结果进行了改进。

1. 安全评估方法

核电厂延续运行既面临运行时间延长带来的老化问题，又面临原设计时限不满足延续需求的问题，还面临环境影响等问题，针对这些问题，秦山核电厂经过深入研究，逐一制定了相应的方法和流程。

（1）老化管理审查

通过全面的老化管理审查，识别核电厂材料可能存在的所有老化效应，并针对这些老化效应制定了老化管理措施，确保这些老化效应不会对核电厂安全功能的执行造成影响，从而保证了核电厂的安全运行。

（2）时限老化分析

时限老化分析是指基于核电厂当前的运行状况，对核电厂某些特定问题进行与时限相关的分析计算，以时限老化分析为基础的豁免条件，来证明现有的时限老化分析结果可以支撑运行至 OLE 期末，包括证明在期间原分析结果仍然有效，或者通过重新分析证明能满足延续运行要求，若个别物项的时限老化分析限于条件无法有效开展，则必须证明延续运行期内能够充分地控制老化效应对预定功能的影响。

秦山核电厂通过开展一回路系统疲劳评估、中子辐照脆化评估、构筑物可靠性鉴定评估、安全壳钢束预紧力分析、电仪设备环境鉴定等方法研究及应用证明了其能够满足延续运行安全要求，其中部分不能满足要求的，如电仪环境鉴定不合格项等都进行了更换，确保满足核电厂延续运行安全要求。

（3）FSAR 增补分析

在开展 OLE 安全评估前，秦山核电厂对核电厂设计、建设和运行过程中所遵循的法律、法规和参照的标准、规范进行了全面梳理，结合核电厂实际状态对 FSAR 进行了修订，以此作为 OLE 安全评估的论证基准，保证了评估依据的合法性。在 OLE 安全评估中，通过评估内容对延续运行的影响分析，形成了 FSAR 增补报告，随延续运行申请书一起提交给国家核安全局审查。OLE 获批时，秦山核电厂把国家核安全局已审查认可的 FSAR 增补报告补充进最终安全分析报告中，作为延续运行期间的许可证文件。在延续运行期间，秦山核电厂严格遵守执行 OLE 相关许可证文件规定和要求，延续运行的安全得到有效保障。

（4）环境影响评估

秦山核电厂根据核电厂实际运行的环境影响评价结果，对《核电厂环境影响报告书（运行阶段）》进行适当修订，并预测和评价环境变化和延续运行所带来的环境影响是否可接受，同时评价实际运行情况以及延续运行的环境影响预测结果与申请运行 OLE 时有效环境保护标准的符合程度。

通过以上评估，确认了延续运行对环境的影响是可接受的，环境安全得到有效保障。

2. 评估支撑技术

在开展 OLE 安全评估的同时，秦山核电厂开展了材料老化行为及老化监检测和维修缓解技术研究，掌握相关材料老化降质规律，开发了相应老化监检测和维修缓解技术，有力支撑了核电厂延续运行评估活动的开展。针对核电厂稳压器电加热元件更换维修技术需求，开展切割、拆卸及焊接成套现场维修技术研发，完成满足切割和拆卸需求的全套维修装置的研制，突破不同失效形式下电加热元件更换工艺技术瓶颈，掌握具有自主知识产权的核电厂稳压器电加热元件更换维修技术，建立放射性环境下核电厂稳压器电加热元件更换维修工程应用工艺规范，为核电厂稳压器电加热元件更换自主维修提供技术保障。通过高辐照水环境下特种加工与维修技术研究，掌握水下加工、测量（含三维激光和水下测量）、水下激光焊接、水下喷丸等核心技术，以及独立的、专业的、特殊的高辐射环境下维修技术，培养一批从事该类作业的专业技能人才，形成较强的力量储备和能迅速搭建维修作业平台的能力，组建了一支真正意义上具有特殊维修技术的核电厂“应急”队伍。

（四）核电厂性能的改进提升

根据国家安全局发布的《〈核电厂运行许可证〉有限期限延续的技术政策》相关要求，结合核电厂实际状态和 OLE 安全评估的结果开展了安全改进活动。此次安全改进活动既包括 OLE 安全评估产生的承诺项，也包括核电厂历次定期安全审查中的弱项，还考虑了国家核安全局提出的其他改进要求，以及国际经验反馈，如稳压器异种金属焊缝的加固处理等。

此次安全改进活动最艰巨的任务是主控室整体改造，包括盘台及基础更新、盘台设备更新、1E 级仪表控制系统数字化改造、反应堆保护系统显示整改项目。结合盘台更新和汽机更新需求提出主控制室报警系统数字化改造、电站计算机系统更新改造、常规岛及核岛非安全级仪表控制系统数字化改造、汽轮机控制系统更新改造、汽轮机保护系统更新改造、主蒸汽旁路排放控制系统数字化改造、汽轮机监测系统更新改造、海水循环水控制系统数字化改造。根据福岛核电站事故后改进行动通用技术要求，新增乏燃料水池监测系统等重特大改造。构筑物主要涉及主控室及周边设备间、应控室、部分就地设备及海水泵房控制室。盘台设计上既要考虑原有设计及设备，又要结合主控制室的功能需求、现行设计标准、人因工程应用、实际运行经验反馈等。人机接口在数字化设计方面进行重大改进，既不能照搬数字核电厂大而全的二层 KIC 控制网络架构，也不能为管理便利而简化二层系统。人机界面应符合目前人因工程设计准则，顺应技术潮流，实现秦山核电厂管理目标，落实运行经验反馈要求，同时满足网络安全的设计基准。

结合此次安全改进活动的施工窗口，针对汽轮机、发电机及其辅助系统中不满足延续运行 20 年安全要求的设备或部件进行了技术升级和更新，通过技术改造，消除原机组运行的安全隐患并补齐性能短板，延长关键设备或部件的使用寿命，提升机组整体的安全可靠性。另外，通过设备结构优化和提效扩容改进，进一步挖掘核电厂发电潜力，提高发电效率，为实现较高的经济效益创造条件。具体改造内容包括：针对汽轮机组，采用具有自主知识产权的、成熟的、先进的汽轮机整体通流设计技术，优化改进热平衡计算和结构设计，提高汽轮机做功效率、出力及安全性；针对发电机及其励磁系统，采用国内成熟的、先进的第三代发电机技术和静态励磁技术，最大限度地提高发电机的效率、出力与安全性。同时，通过增加现代监测技术和手段，实现对设备运行状况的精确实时在线监测功能。

此次安全改进活动结束后，秦山核电厂成立了专门的调试队伍，全面开展了 OLE 综合调试，确保核电厂的安全启动和运行。此次 OLE 综合调试设置的试验项目共 111 项，对所有安全改进活动涉及的功能都重新进行了试验验证，全面满足原调试大纲、电厂原设计和最新的核安全监管要求。同时，此次 OLE 综合调试对试验项目进行了系统性整合，如对试验条件相近、试验内容相似的调试项目进行合并，统一时间窗口和试验条件，使“多个”试验项目整合为“一个”较大的试验项目，有效地降低了试验次数与试验风险。

（五）延续运行的持续监督

OLE 批准时，OLE 安全评估的结果和相关要求会同步生效到核电厂的安全论证基准文件中，如运行技术规格书限值要求更新，老化管理大纲完善等，核电厂在延续运行期间持续按照相关要求进行定期监督，若发生偏差项会及时触发响应行动，确保核安全。

秦山核电厂 OLE 项目共编制了 39 份老化管理大纲，内容涵盖检查范围、预防措施、监测检测参数、老化效应探测、监测与趋势分析、验收准则、纠正行动、确认过程、管理控制、运行经验等多个要素，能够确保延续运行期间的老化效应得到有效管理，并和升级后的运行技术规格书一起保证秦山核电厂正常运行和延续运行中执行其预定的安全功能。

除此之外，秦山核电厂还完成了第 3 次 PSR 工作，以及维修导则（MR）在秦山核电厂的投用、FSAR 的全面升级、乏燃料干式贮存的落实等工作，有效解决了影响延续运行的其他问题。同时，秦山核电厂自投运以来每 10 年开展定期 PSR 工作，不断寻找原采用标准与最新标准的差距并落实整改，这是 OLE 得以实现的坚实基础。

（六）后续机组的安全示范

秦山核电厂依据《技术政策》首创适用于我国的 OLE 技术体系，制定适用于我国的 OLE 总体技术路线，填补了国内空白。

秦山核电厂建立了一套科学合理的 OLE 安全评估方法和流程，并在研究和应用实践过程中，建立了首套适用于我国核电厂的 OLE 标准体系，开发完成 12 项 OLE 系列行业标准。构建了国内首个完整的老化管理大纲体系，并通过国外咨询认可、IAEA 的专项评估以及监管部门的审评，进一步保证了其能有效管理延续运行期间的老化效应，保证机组安全、稳定运行。

秦山核电厂同步构建了核电厂 OLE 管理体系，包括工作大纲、工作程序、技术规程、实施计划、质量管控体系、标准化工作包、OLE 文件体系等，涵盖了 OLE 活动的各个环节，实现了 OLE 标准化管理，并已推广到秦山核电厂其他机组，可以指导我国核电厂 OLE 安全评估有效开展。

三　核安全监管体系对延续运行安全的保障

（一）核安全监管法律法规对延续运行的特定要求

《中华人民共和国核安全法》第二十八条规定：核设施运行许可证有效期届满需要继续运行的，核设施营运单位应当于有效期届满前五年，向国务院核安全监督管理部门提出延期申请，并对其是否符合核安全标准进行论证、验证，经审查批准后，方可继续运行。

秦山核电厂 1 号机组 OLE 申请流程主要包括：OLE 申请书及安全评估报告的提交（到期五年前）；国家核安全局对安全评估报告的形审及受理；国

家核安全局组织报告审查以及现场检查；安审问题答复及整改落实；国家核安全局出具技术审评意见；国家核安全局组织颁证前的综合检查；OLE 申请正式获批。具体时间流程如下。

自 2013 年开始，国家核安全局多次组织召开研讨会，专题研讨核电厂 OLE 技术政策的相关事宜。核电行业各方密切配合国家核安全局开展相关工作。

2013~2015 年，经过核安全监管部门和全行业的共同努力，在充分调查和研究世界范围内延续运行监管政策的基础上，结合我国的法规体系，编制了延续运行系列专题研究报告。

2015 年 12 月，经过多番研究和审查，国家核安全局正式发布了《〈核电厂运行许可证〉有效期限延续的技术政策（试行）》，该技术政策对我国核电厂 OLE 提出了总体要求，能有效指导核电厂延续运行工作的开展。

2016 年 12 月，国家核安全局正式受理了秦山核电厂 OLE 申请，专门成立了一支综合各专业的审评队伍，投入大量的时间和人力，严格遵照法规体系开展我国首个核电厂延续运行审评工作。同时，配套出台了《秦山核电厂 1 号机组运行许可证有效期限延续相关活动核安全监督检查大纲》《〈秦山核电厂运行许可证〉有效期限延续的安全审评指南》，用于指导此次延续运行审批活动的具体实施。

2017~2020年，审评人员经过3年多的周密审查，共完成3轮次审评对话，交换问题 304 个、产生工作单 107 个，同步完成 2 次现场核查、3 个燃料循环的现场监督，新增承诺项 17 个，于 2020 年 5 月完成全部审评工作，并给出总体可行的技术结论和相关的改进要求。

2021 年 5 月，国家核安全局组织实施了颁证前综合性检查，进一步确认诸多许可证条件是否得到有效落实。

2021 年 9 月，国家核安全局发文正式批复了秦山核电厂 OLE 申请。

此次 OLE 审查工作量大、周期长、投入专业领域人员多、技术深入度高、审查规范性强，并采用了办公室审查、现场核查以及实施监督相结合的审查模式。通过此次审查，对 OLE 申请工作提出了诸多改进意见，确保了秦山核电厂安全评估和安全改进的质量，并同步完善了我国核安全监管体系中关于OLE的相关要求和规定。

（二）核安全监管对运行许可证条件的持续监督和改进

核安全监管是一个系统的安全活动体系，它通过一系列法律法规和监管要求的执行，从多个维度来确保核电厂的运行安全。

核电厂OLE运行期间，因延续运行评估产生的实体改进和管理改进将作为新的运行许可证条件补充到原来的运行许可证安全基准当中，核电厂应严格遵守监管要求以确保运行安全。

核电厂OLE运行期间，原有的定期试验、定期维修、定期检查、变更改造、技术规格书监督、核安全监管等活动继续开展，结合新增加的许可证条件，全面保证核电厂的运行安全。

（三）核电业界对核安全的高度重视

苏联切尔诺贝利事件和美国三里岛事件之后，核电业界和监管单位等相关方都从中吸取了经验和教训，通过完善核安全法规标准，不断改进安全设计，提高设备质量，加强质量保证和核安全文化建设等方式，为预防核事故、确保核安全做出了巨大努力。我国核安全监管部门与核电业界一直高度重视核安全，从政府监管、设计建造、运营管理等各环节进行了优化提升，国内核电厂定期开展评估和改进活动，核安全管理水平一直与世界保持同步。

秦山核电厂1号机组的延续运行在这样的大环境下完成，受到各方的关注，这是一个新的起点，秦山核电厂始终牢记“核安全高于一切”的要求，以高度责任心和使命感确保机组的延续运行安全。

四　结束语

通过广泛调查、深入研究，形成了我国核电厂OLE技术体系，已全面覆盖国际主流核电厂延续运行的技术要求；国家核安全监管部门也研究出台了适合我国法律法规体系的核电厂延续运行监管策略和要求，有效指导核电厂延续运行的开展；同时，核电业界通过不断对标国际最新标准，确定差距并进行改进，持续提升了核电厂安全运行水平。综上所述，通过技术体系、监管体系的完善和持续改进活动的开展，核电厂延续运行安全得到了有力保障。

参考文献

NEI 95-10, *Industry Guideline for Implementing the Requirements of 10 CFR Part 54 – The License Renewal Rule*, Nuclear Energy Institute, Revision 6.

NUREG-1800, *Standard Review Plan for Review of License Renewal Applications for Nuclear Power Plants*, U.S. Nuclear Regulatory Commission, December 2010, Revision 2.

B.13 核电机组综合利用技术示范及经济性分析

吴　放*（国家电力投资集团有限公司）

摘　要：“双碳”目标的提出，为核能综合利用独特的绿色低碳发展模式创造了广阔的发展空间。本报告简要回顾了国内核能综合利用发展的历程和现状，重点介绍了山东海阳核电作为国内核能综合利用领域的先驱，在核能供热、水热同产同传等技术上开展的探索研究、示范项目建设及经济性论证等，展望了未来核能综合利用场景的丰富与拓展，并对我国核能综合利用创新发展提出了思考和建议。

关键词：核电机组　技术示范　经济性　场景拓展

引　言

当前，能源体系面临稳定供应与清洁低碳转型的双重挑战和节能减排、化石能源替代的迫切需求。核能能量密度高、稳定可靠，核电相较于水电、光伏、风电，具有无间歇性、受自然条件约束少等优点。作为非化石能源中的主力能源，核能是可以大规模替代化石能源的清洁能源，而其从单一发电拓展到综合利用领域，将有力推进我国能源革命进程、促进清洁低碳发展、

* 吴放，教授级高级工程师，国家电力投资集团有限公司核能发展总工程师、核能部主任，山东核电有限公司董事长、党委书记，长期从事核能、可再生能源领域研究。

助推实现“双碳”目标。目前，以山东海阳核电为先驱的国内核电企业，纷纷启动核电机组的综合利用探索和研究，核能综合利用的技术成熟性和经济性逐步得到验证，将在区域供热、海水淡化、工业供汽、制氢、制冷等非电力应用领域发挥积极作用。

一 国内外核能综合利用发展概况

欧洲商业化的居民核能供热实践可以追溯到50多年前，如俄罗斯、瑞士、芬兰等国家从20世纪60~70年代就开始进行核能供热技术研发与市场应用，核能供热的安全性与可靠性已经得到验证，至今积累了超过1000堆年的经验。自20世纪80年代开始，我国便致力于核能供热技术的研究和应用，通过40多年的探索，已掌握了能够工程化应用的低温供热技术。20世纪90年代，清华大学建成低温供热堆，并在此基础上陆续完成了热电联供实验、核能制冷实验、核能海水淡化试验研究。秦山核电三期建设工程则利用重水堆优势，开展了同位素生产的核技术利用实践。但长期以来，受制于经济性、选址、安全评审、公众接受性等因素，我国在核能综合利用领域一直未取得重大突破，也未形成规模化的商业应用。

2019年，山东海阳核能综合利用示范一期31.5MW供热工程——“暖核一号”建成投运，该工程被国家能源局命名为“国家能源核能供热商用示范工程”，实现了国内核电机组商用供热“零的突破”，打破了我国核能综合利用领域的长期空白局面，全面开启了我国大型压水堆核电机组开展核能综合利用的新篇章。截至2022年上半年，海阳核电厂先后建成投运二期202.5MW核能供热、水热同传、水热同产同传等示范项目，秦山核电厂于2021年底建成我国南方首个核能供热示范工程，田湾核电厂工业蒸汽供应项目在谋划推进，红沿河核电厂等其他核电厂也纷纷加快核能综合利用的探索和实践步伐。

目前，山东海阳核电核能综合利用实践获得国内外广泛赞誉，为我国核能综合利用发展营造了良好的内外部环境。首先，核能综合利用在国际上已普遍形成共识，国际原子能机构对海阳核能供热项目给予高度赞誉，认为该项目符合核能应对气候变化的主题，并在官方网站上多次进行新闻报道；经合组织核能机构在2021年9月向二十国集团提交的《碳循环经济中的核能》报告中，建议支持核热电联产示范计划，将核能在电力以外的应用纳入脱碳途径。我国对核能综合利用也持明确的支持态度，在“十四五”规划中明确提出“开展山东海阳等核能综合利用示范”，《中共中央 国务院关于完整准确全面贯彻新发展理念做好碳达峰碳中和工作的意见》中指出“积极稳妥推进核电余热供暖”，为核能综合利用指明了方向。“暖核一号”品牌发布后也收获了良好的社会反响。可以预见，在技术成熟、经济性较高的基础上，我国核能综合利用发展前景将十分广阔，并将对促进我国碳循环经济发展发挥积极作用。

二 海阳核能供热技术示范及经济性分析

（一）示范项目建设历程回顾

2018年10月22日，山东海阳核电1号机组在投产商运后，着手谋划核能供热项目的研究和实施。在确保核电机组安全稳定运行的前提下，山东海阳核电创造性落实党中央关于“加快推进北方地区冬季清洁取暖”的指示精神，围绕核电厂余热利用、热效率提高和地方清洁取暖、绿色发展的实际需求，提出“现实可行、兼顾长远，由易到难、分步实施，地方协同、产业配套，生态优先、绿色发展”的核能综合利用原则，确定“一次规划、分步实施”方案，率先在国内开展大型压水堆热电联产的探索和实践。2019年建成投运的“暖核一号”，供热面积达70万平方米，国家能源局委托西安热工院作为独立第三方，给出“清洁、安全、稳定、高效，具有大规模推广应用价值”的评价。2020年供暖季，“暖核一号”工程供热面积扩展到100万平方米。

2021年11月9日，“暖核一号”二期202.5MW核能供热工程投运，供热面积近500万平方米，山东海阳因此成为全国首个“零碳”供暖城市。“暖核一号”二期项目持续稳定为海阳城区20万户居民供暖143天，减碳效益显著，相比核能供暖前节约原煤18万吨、减排二氧化碳33万吨。烟台市生态环境局海阳分局数据显示，对比核能供暖前的 2018~2019 年供暖季和核能供暖覆盖海阳城区后的 2021~2022 年供暖季，空气中 $PM_{2.5}$、PM_{10}、二氧化硫、二氧化氮等指标改善明显，空气优良率从 73% 上升至 85%（见表 1、图 1）。同时，减少向环境排放余热 150 万 GJ，排水口 2℃全潮最大温升面积缩减了 25 公顷，周边海洋生态环境得到有效改善。机组热效率由 36.69% 提升到 39.94%，海阳居民取暖价格每平方米下调 1 元，开创了当地民众、地方政府、热力公司、核电企业以及生态环保多方共赢的良好局面。该工程获评 2021 年度央企十大超级工程。

表 1　海阳市核能供暖前后供暖季空气质量对比

单位：μg/m³，%

供暖时段 空气指标	二氧化硫	二氧化氮	PM_{10}	$PM_{2.5}$	空气优良率
2018 年 11 月 15 日至 2019 年 3 月 15 日（核能供暖前）	12	29	101	50	73
2021 年 11 月 15 日至 2022 年 3 月 15 日（核能供暖后）	9	23	74	42	85

资料来源：烟台市生态环境局海阳分局。

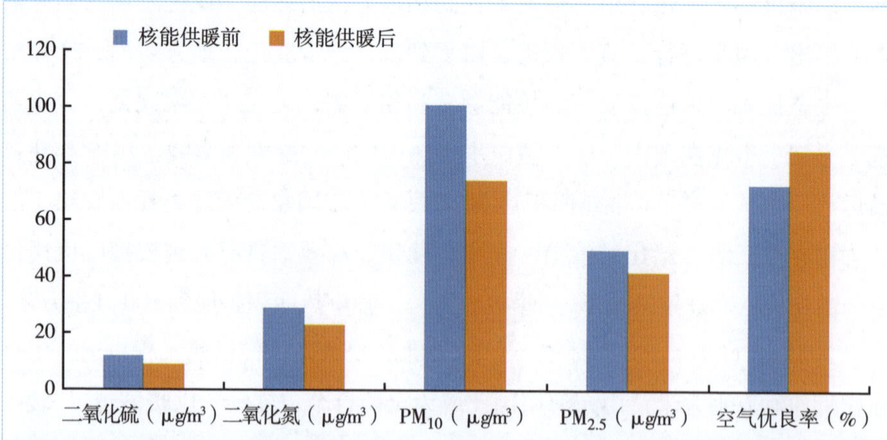

图 1　海阳市核能供暖前后供暖季空气质量对比

在此基础上，山东海阳核电正在积极推进三期900MW大规模供热科研工程，供热范围可覆盖包括烟台、青岛主城区在内的方圆130公里区域，预计2023年具备对外供热条件。三期900MW大规模供热科研工程投运后，单台机组每年可在发电95亿度的同时，为100万户居民提供3000万平方米的供暖，电厂热效率将提升至原来的1.5倍，达55.9%；若两台机组同时实施900MW的供热，从能源贡献力上看，相当于又多了1台百万千瓦级的核电机组。三期900MW大规模供热科研工程的清洁效益将是二期202.5MW核能供热工程的5倍，能源贡献力、环保效益都将大幅提升。

（二）核能供热技术原理介绍

山东海阳核电一期31.5MW核能供热工程以现有厂区辅助蒸汽裕量作为当地热力公司的热源。辅助蒸汽系统在核电机组启堆期间向除氧器、汽轮机轴封及厂区各采暖换热站等供应辅汽，在核电厂停堆和正常运行期间只为换热站、热水加热系统等输送蒸汽。辅助蒸汽供暖主要利用水蒸汽凝结释放的汽化潜热加热热网循环水实现。当供热负荷增加到202.5MW后，供热抽汽量也随之增加，如果继续抽取高品质主蒸汽用于供暖，机组经济性受影响较大，因此采用核电厂汽轮机高压缸排汽代替主蒸汽作为热源，可提高供热的经济性。

在核电厂内建设核能供热首站1座，按照子项共用、设备分步实施的原则进行规划配置，首站内设置热网加热器，利用核电厂区辅助蒸汽（第1步）或汽轮机高压缸抽汽（第2步），对热网循环水加压加热后，供至核电厂外二级热力站。

作为热源的供热蒸汽来自核电厂常规岛二回路系统（见图2紫色线路），与循环放射性冷却剂的一回路（见图2红色线路）完全隔绝，首站热网循环水系统为三回路（见图2黑色线路），到用户侧则为供热系统的四回路或五回路（见图2绿色线路），每个回路只有热量传递，并无介质交换，从设计上保证了机组运行和居民用热的安全。

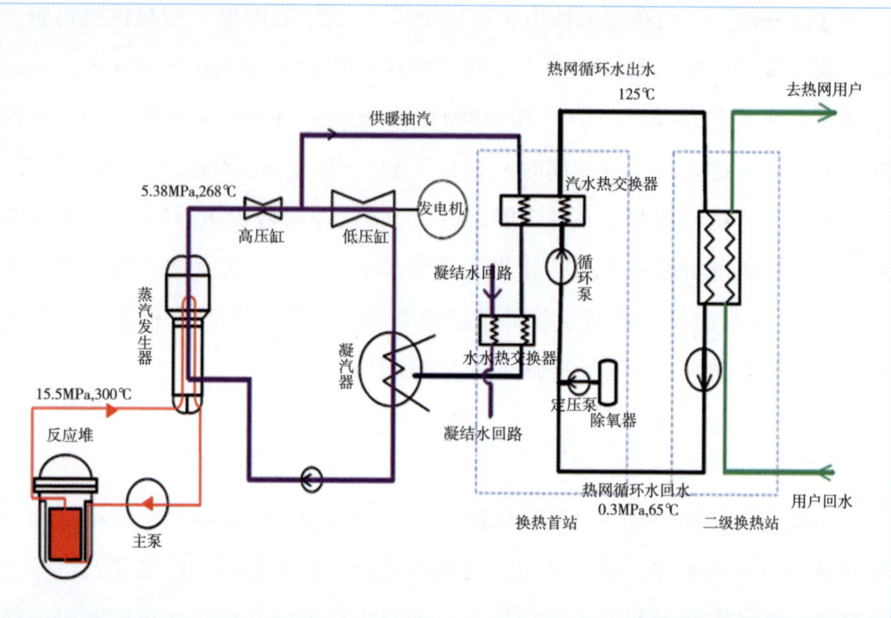

图 2　核电机组抽汽供热系统流程

一期 31.5MW 核能供热工程实施后，汽轮发电机的功率减少约 6.85MW，在整个采暖期提供 26.9×10^4GJ 的热量，若机组一直处于满功率发电状态下，全厂热效率将由 36.69% 提升至 37.17%。二期 202.5MW 核能供热工程设计抽汽量 346t/h，仅为高压缸排汽流量的 6.2%，机组发电负荷降低 48.88MW，为额定发电出力的 4.0%。整个采暖期平均采暖加热蒸汽 251t/h，可提供 173×10^4GJ 的热量，若机组一直满功率发电，采暖季将减少发电量 11574.4×10^4kWh，全厂热效率将由 36.69% 提升至 39.94%。

（三）核能供热经济性分析

从山东海阳核电核能供热实践来看，综合热量转化、热价测算等多方因素，核能供热可实现良好的经济效益。

从热量转化角度来看，核电厂整体发电热效率约为 36%，百万千瓦燃煤电厂超临界机组的发电热效率约为 46%~47%，同等条件下，核电机组生产 1

度电所消耗的热量要高于煤电机组生产1度电所消耗的热量，因此从热量转换角度来看，核能供热形成的热量要高于煤电供热形成的热量，在热价相同的情况下，核能供热的经济性要高于煤电供热。从热价角度来看，2022年上半年，青岛地区燃煤供热机组出厂热价约为50元/GJ、烟台地区为42元/GJ。海阳二期202.5MW供热工程项目年供热量约为173万GJ，测算成本热价约为35元/GJ。相比燃煤供热，核能供热具有较强的经济性和市场竞争力。

此外，核能供热让核电企业在拥有售电收入的同时，增加了售热的收入，热力企业也因核能供热对燃煤锅炉的替代而大大降低了运行的成本。据统计，按一台40吨燃煤锅炉计算，热力企业一个供暖季节省的成本可达300余万元，主要包括环保、用电以及人工等方面的成本。同时，核能供热可充分借助项目良好的环保效益、社会效益及创新优势等，积极争取税收优惠政策、减碳指标、科技创新示范项目等，获取项目额外收益，进一步提升经济性。

三　水热同产同传技术示范及经济性分析

（一）示范项目建设历程回顾

我国胶东半岛、华北地区等滨海地区淡水资源匮乏，仅靠地表水、地下水等淡水资源供热将加重当地用水紧张状况。同时，我国北方地区还面临冬季清洁取暖与淡水资源缺乏的双重压力，在“双碳”目标背景下，解决上述社会民生问题已变得越发迫切。

山东海阳核电在核能供热成功实践的基础上，积极拓展核能综合利用技术创新应用，致力于缓解北方地区冬春季节性缺水问题。2020年11月15日，建成投运全球首个水热同传示范工程，取得核能综合利用的新突破。该项技术改变了供水、供热需要3根管道的传统模式，供能面积1万平方米，为山东海阳核电员工宿舍区内近2000人同时供热供水，水质指标优于国家饮用水标准。

在水热同传成功实践的基础上，2021年5月，世界首个水热同产同传科技工程在海阳投运，这是山东海阳核电与清华大学合作的创新成果，中国工程院院士及专家评估认为，水热同产同传技术整合了传统单独产热供热、单独制水供水两套系统的功能，降低了建设投资和运行成本，提高了能源及设施利用率，应用场景十分广泛。该技术为核电厂生产清洁的电、零碳的暖、纯净的水打开了新局面。

（二）水热同产同传技术原理

海水淡化技术通常分为热法和膜法（反渗透 RO），两者制备淡水的能耗都比较高，需要建设海水取水及排水设施。包括海阳核电厂在内的一些北方滨海核电厂，采用的技术都以膜法为主。山东海阳核电利用核电厂内已安装运行的一套反渗透海水淡化装置，建成投运水热同传示范工程。该工程利用海阳核电厂内的反渗透海水淡化装置产生淡水，增加二级反渗透对淡水进行再处理，利用厂区辅助蒸汽加热至 85℃（见图 3）。其水质指标全部满足国家生活饮用水卫生标准，且部分指标显著高于国家标准。产出的高温淡水通过 1 根管道输送到核电专家村，热量用于冬季取暖，放热后的水作为生活用水。

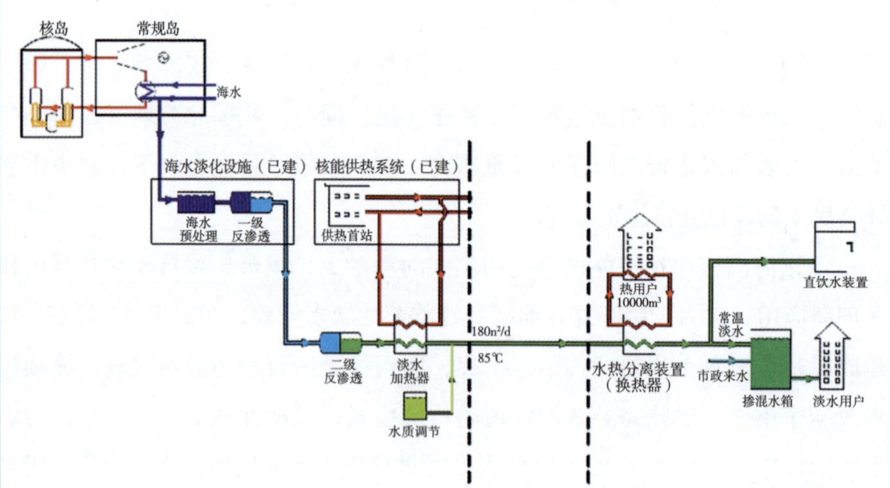

图 3　水热同传方案流程示意

山东海阳核电与清华大学合作开展水热同产同传技术研发和实践，基本原理是利用机组抽汽和余热作为热源，采用多级闪蒸、多效蒸馏工艺的水热同产装置，每小时生产95℃的高品质淡水5吨，该淡水水质符合饮用水标准，然后通过“水热同传”管道输送至用户，再进行水热分离后使用（见图4）。

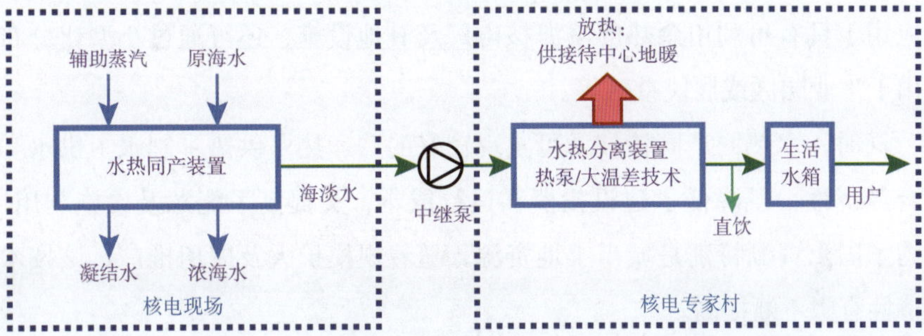

图4 水热同产同传方案流程示意

该技术利用发电厂发过电的低品质蒸汽，从海水中制取高温淡水，通过单程管道输送至城市，在城市提取热量用于满足城市供暖，降温后的淡水满足城市用水需求，可将海水淡化和长输供热结合，将长输热网的双管系统改为单管系统，在保证低成本供热的同时，可以为城市低成本供水，显著降低了投资和运行成本。

生产淡水的热量最终用于冬季供热，相当于在供热的同时“零能耗”制水。该技术在北方沿海地区具有广阔的应用前景，可同时缓解北方地区冬季清洁取暖、淡水资源缺乏的问题，对我国实现“双碳”目标、提高供水安全性、实现可持续发展，以及拉动基础建设投资、促进经济发展都有重要意义。

（三）水热同产同传经济性分析

传统的产热供热、制水供水属于不同行业、不同企业主体、不同的工艺流程，具有系统复杂、设施利用率低、运行成本高、能耗高、污染重、土地资源占用多等缺陷。水热同产同传技术是在已建成核电厂基础上，通过增设少量设备，实现土地资源、设施设备利用率的大幅提高，可有效降低能源消耗、更好保护生态环境，具有多项技术突破，包括首次实现“零能耗制水”；实现更高的系统集成度，以单一水热同产设备替代专门的海水淡化系统和传统的换热设施；同时具有“大温差提取热量潜力”和“用户侧高品质供水”的显著特征；可推广性强，既能应用于具有大体量清洁热源的核电基地，也能应用于具有可利用余热的滨海核电厂及其他设施，还可通过小型化分布式应用于工业园区或居民社区等。

同时，水热同产同传技术可实现较好的“产热 + 供热 + 制水 + 供水”的综合经济性，既降低了建设投资和运行成本，又提高了能源及设施利用率，节约了国土资源特别是城市土地资源。随着规模扩大及应用推广，该技术的经济性有望不断提高。

四　我国核能综合利用场景应用展望

（一）工业蒸汽供应

蒸汽作为能量传递的主要媒介，在现代工业中被广泛使用。“双碳”目标下，燃煤机组审批越发严格，各地工业园区存在较大的蒸汽供应缺口，制约了地方经济社会发展。相比之下，核电机组具有提供大规模工业蒸汽的巨大潜力，目前海阳核电厂、田湾核电厂等均已启动核电机组供应工业蒸汽的积极探索。压水堆核电机组二回路主蒸汽品质好、压力高，可满足大多数工业园区蒸汽需求；高温气冷堆参数高，可以根据用户需求提供各级品质的蒸汽，二者在供应工业蒸汽领域均具有广阔的前景。

（二）储热

储热是配合供热系统协调运行、提高供热稳定性的一项技术，主要利用水的显热来储存热能，采用储热水罐作为储热容器。该技术起源于 20 世纪 80 年代初的北欧地区，目前已较为成熟。近年来，水储热技术在我国发展迅速，广泛应用于火电灵活性改造、消纳弃风弃光、清洁供暖等储热系统中。

对于核电热电联产机组，通过设置储热罐，可以实现供热调节、应急备用、机组调峰（调峰期间发电转储热）、新能源消纳，以及结合水热同传技术的核能长距离供热等。截至 2022 年上半年，海阳核电已建成 700 立方米储热罐，与“水热同传”工程协调运行，并完成了容量为 1.5 万立方米的大型水储热示范项目可研工作，作为二期 202.5MW 核能供热工程的配置设施，设计容量为 500MWh，可储热 1800GJ。未来经济性得到进一步验证后，可配套核能供热大规模发展。

（三）核能制氢

与煤、石油、天然气等化石能源相比，氢能具有能量密度大、热值高、可再生、零碳排放等优点，有助于解决全球能源危机以及环境污染等问题。随着氢能应用技术逐渐成熟，氢能将在世界各国开发应用。

核能制氢具有广阔的发展前景。该项技术将核反应堆与先进制氢工艺耦合，进行氢的大规模生产，美国、英国、日本、俄罗斯等国家在核能制氢方面均投入大量研发资金并取得积极进展。核能耦合制氢主要分为热化学循环制氢和电解水制氢，其中低温碱性水电解技术最为成熟，但效率只有 30%左右。热化学循环制氢和高温电解水制氢效率较高，但这两种工艺温度要求高（800℃ ~900℃），与高温气冷堆参数匹配性较强，目前已有规模化制氢装置研制成功。一些技术难题逐步解决后，核能制氢未来可在经济性上具有一定的竞争力。

（四）“南红北移”生态修复

红树林作为三大海洋生态系统之一，可吸收大量二氧化碳和其他温室气体，抵抗风暴海浪。据统计，单位面积的红树林固碳能力高达陆生森林的 10 倍，但在我国，自然生长的红树林主要分布在海南、广东、广西、福建、浙江及港澳台等热带、亚热带地区。

山东海阳核电联合科研单位，启动了核电厂温排水区域培育红树林的

"南红北移"综合研究项目，充分利用排水口岸核电厂的余热，在附近岸滩种植了红树成树、幼苗及胚轴，用来提升核电厂周边区域"蓝碳"汇集能力。若该项技术研发成功，可将红树林生长的最北端从原来北纬30°的浙江舟山北移至北纬37°的海阳核电海域，既能有效改善海洋生态，又能进一步提高核电厂的余热利用率。

（五）"核能综合利用+现代农业"

现代农业采用各种工业技术手段为农作物提供生长条件，农产品产量高、品质好。现代农业耗电、耗热、耗水量较大，核电厂在提供清洁零碳的电热水方面具有先天优势。海阳核电厂正在研究利用已经建成的水热同传、核能供暖等设施，建设"核能综合利用＋现代农业"项目，探索核能综合利用新途径。

五　我国核能综合利用发展的几点思考

在"双碳"目标下，核能作为典型低碳能源，必将在碳循环经济中发挥日益重要的作用。近年来，我国核电装机容量持续提高，在建核电机组数量连续多年保持全球第一，预计到2035年，我国核电在运和在建装机容量将达2亿千瓦左右，发电量可占到全国发电量的10%左右。山东海阳核电的一系列探索实践，充分验证了核能供热、水热同产同传等核能综合利用技术的可行性和经济性。未来，为助力"双碳"目标尽快实现，我国核电行业将迎来更加快速的发展，核能综合利用技术的多元化、智慧化及规模化将迎来更广阔的发展和应用空间。

一是充分考虑核电厂址和地区经济社会发展、民生需求，采用合理技术路线开展核能综合利用。建议业内结合国家"十四五"规划等相关部署，积极推动国家层面统筹规划，布局核能供暖、海水淡化、工业供热、核能制氢等应用场景，系统出台核能综合利用相关扶持政策，引导核电行业创新、健康、有序发展。结合区域协调发展战略、绿色低碳新型城镇化建设、化工园区低碳化改造升级等发展需求，按照"因地制宜、因厂制宜"原则，紧贴核电厂周边用能需求，精准设计、开发、落地应用场景，做到宜汽则汽、宜热则热、宜水则水，实现核能应用价值最大化，进一步提升能源利用效率和资源利用率。

二是出台核能供暖相关配套政策，鼓励国内在运核电机组开展供热改造。我国在运核电机组达到51台，建议从国家层面为在运核电机组在实施供热改造的供暖价格、税收等方面提供一定的优惠政策支持，合理引导核能供暖投资和发展节奏，鼓励核能供暖大规模推广应用。另外，近年来，各大核电集团纷纷推出各类小型反应堆，包括中核“玲珑一号”“燕龙”小堆、国家电投“和美五号”小堆、清华大学等推出的“HTR-PM”型高温气冷堆等。小型堆具有模块化、部署灵活和建造周期短等优点，目前，包括美国、法国、加拿大在内的主要西方国家，已广泛开展小堆供暖研究，先后建造了一批验证和示范堆。但小堆单堆功率小、单位功率投资高，且压水堆型小堆参数偏低，在推广应用时，建议瞄准清洁低碳用能的难点痛点，采用合理的商业模式，解决好经济性问题。

三是积极引导新建核电机组在项目规划阶段提前考虑并配套设计核能综合利用途径。一方面，核电项目建设周期长、不确定性大；另一方面，清洁零碳的电、汽、热等属于稀缺资源，为更好满足市场需求，新建核电项目应按照“规划在前、能力建设在前、预留接口”的策略规划，统筹设计供电供汽供热能力，以节省投资、降低技术改造风险，实现快速投产并产生效益。

参考文献

《国家电投集团：打造核能综合利用新样本》，《国资报告》2021年第5期。

王建强、戴志敏、徐洪杰:《核能综合利用研究现状与展望》,《中国科学院院刊》2019年第4期。

张廷克、李闽榕、尹卫平主编《中国核能发展报告（2020）》，社会科学文献出版社，2020。

B.14
核电“走出去”经验与启示

王永福*（中国中原对外工程有限公司）

摘　要： 本报告回顾了中核集团在阿尔及利亚比林核研究中心项目、巴基斯坦核电项目、海外核电市场布局、海外运维、国际合作、国际化经营能力建设等方面的主要成果与经验。分析全球碳中和以及疫情防控常态化背景下的核电发展前景。分析推动市场开发、工程建设、运维服务、国际贸易等业务的耦合增强、螺旋上升的核电“走出去”具体策略。提出出台国家级核电出口战略规划、为核电“走出去”制定专项融资政策、加快完善核电出口相关法律法规等建议。

关键词： 核电“走出去”　国际合作　海外市场　海外运维

引　言

核工业是高科技战略产业，是国家安全的重要基石。作为核工业从业者，需深入学习党的十九届六中全会精神和习近平总书记关于核工业重要指示批示精神，胸怀“两个大局”，积极落实党中央决策部署，坚持“开拓创新”“稳中求进”，推动我国建成核工业强国，推动共建“一带一路”高质量发展，促进以国内大循环为主体、国内国际双循环相互促进的新发展格局的构建，奋力谱写“十四五”时期高质量发展新篇章。

* 王永福，高级工程师，中国中原对外工程有限公司董事长、党委书记。

一 核电“走出去”重要成果

中国核工业“走出去”步伐从阿尔及利亚比林核研究中心项目迈出，在巴基斯坦核电项目中不断加快，历经多年的发展，整体技术水平已跻身世界前列。国际项目合作不仅能扩大内需、稳定就业、提振产业，还能以外促内，增强产业链供应链自主可控能力，增强我国在核能双边合作、多边合作中的话语权和影响力。

（一）阿尔及利亚比林核研究中心项目

中核集团承建的以 15 兆瓦重水研究堆为主体的阿尔及利亚比林核研究中心项目是中国第一个大型核设施出口项目，开创了中国核工业走向世界的先河，为后续核电“走出去”积累了宝贵经验、奠定了坚实基础，具有重要借鉴意义。

自 1987 年承接阿尔及利亚比林核研究中心项目以来，中核集团克服了距离远、运输难、设计人员和制造厂家不能及时到场、协作不便等诸多困难，提前 2 个月完成了一期工程（重水研究堆及辅助设施）建设工作。1993 年，一期工程完成最终验收，其技术指标、安全性能、多用途和运行维修等方面均处于国际领先地位，被誉为“南南合作的典范”。1996 年，二期工程也按时顺利验收，并获得国家科技进步一等奖。阿尔及利亚国家领导人在验收仪式上表示，比林重水研究堆性能良好、质量可靠，是中阿友谊的象征。该项目的成功实施不仅奠定了中阿双方核能合作的基础，增强了阿方对中方的信任，也对开拓西亚、北非核电市场具有重要的辐射示范意义。

基于中阿双方在阿尔及利亚比林核研究中心项目的良好合作，中核集团继续承建了阿尔及利亚比林核研究中心升级改造项目，并于 2021 年 7 月 19 日圆满完成该项目的最终验收。中方团队在 80 天内完成了系统单调及联调，并使该项目成功实现满功率 72 小时运行，展现了全球领先的工程建设水平和集团各单位协同合作的优秀成果。该项目也是中核集团践行国家“一带一路”倡议的又一成果，展现了我国雄厚的核科技实力以及负责任的大国形象。

（二）巴基斯坦核电项目

巴基斯坦核电项目是我国首个落地海外的核电项目，是核电“走出去”的标志性工程。多年来，中核集团在巴安全高效地建设了恰希玛和卡拉奇两大核电基地 6 台核电机组，取得了丰硕成果。

1. 核电合作是双边关系不断升级的见证和支撑

中巴核电合作见证了两国从关系不断全面、深入发展，到新时代建立全天候战略合作伙伴关系的伟大历程。核电项目经济体量大、建设周期长，是国与国的“百年联姻”，一座座核电站安全有序的建设运行增进了两国战略互信、助推两国关系不断迈上新台阶。

中巴核电合作经历了三个重要阶段。一是 20 世纪末摸索起步、树立典范的阶段。1991 年，在秦山核电站刚刚实现并网发电 15 天之际，中核集团便向巴基斯坦出口了采用三十万千瓦核电技术的恰希玛 1 号核电机组 C-1 项目。C-1 项目是当时全国最大、最复杂、高新技术含量最高的成套出口项目，于 2000 年建成投产。二是 21 世纪初持续优化、再创辉煌的阶段。在 C-1 项目的基础上，中巴双方于 2004 年签署 C-2 项目合同，C-2 项目于 2011 年提前合同工期 111 天并网发电，为缓解巴电力短缺做出了突出贡献。2008 年，中巴双方又签署了 C-3、C-4 项目合同，首次实现双机组合作，C-3、C-4 项目相继于 2016 年、2017 年提前合同工期建成投产。三是党的十八大后跨越发展、开启合作新时代的阶段。2013 年，中巴双方签署了百万千瓦级核电机组卡拉奇 K2、K3 项目合同，实现了我国自主三代核电技术“华龙一号”落地海外。K2 项目历时 69 个月，克服新冠肺炎疫情影响，已顺利建成投产，创造了国际三代核电技术海外首堆最短工期纪录和最佳建设业绩，在第二届“一带一路”能源部长会议上荣获能源国际合作最佳实践案例。2022 年 4 月 18 日，K3 项目通过临时验收，至此，“华龙一号”海外首个工程 2 台机组全面建成投产，后续对巴合作项目也将积极有序推进。

2. 核电合作是中巴经济合作的样板和典范

对保外贸促内需带动作用显著。构建新发展格局要坚持扩大内需这个战略基点。核电是国之重器，集核工业之大成于一体，如卡拉奇项目有近千家国内设计、设备供货、建安和调试企业参与，每年创造就业岗位约 20 万个，该项目从投运到退役的 60 年均离不开我国工程技术的支持和服务，也带动了我国天然铀、核燃料、运维、退役全产业链“走出去”，该项目全寿期直接创造经济收入约 1000 亿元，有效发挥了产业龙头作用，推动上下游、产供销有效衔接和协调运转。

提升了我国核电产业链供应链的自主可控能力。巴基斯坦是我国核电产业新技术的“先行区”，多项重大创新成果在此验证和推广。中核集团在恰希玛核电项目上积累了内陆厂址、软土地基的施工经验，相比国内厂址难度更大、要求更高；在卡拉奇核电项目上首次进行“开顶法”等一系列重大施工方法创新，使得建设工期大幅缩短、经济效益显著提升，目前该方法已在国内漳州核电站等项目上推广；此外，中核集团借助卡拉奇核电项目完成了核安全级模拟控制系统等多项重要设备的国产化，使得“华龙一号”关键成套设备国产化率再创新高，实现高水平自立自强。

对项目所在国本地化水平提升作用显著。新发展格局绝不是封闭的国内循环，而是开放的国内国际双循环。巴基斯坦核电项目有效缓解了该国电力短缺的困境，带动当地采购设备数千台，直接参与建设的巴方员工达数万人，极大带动了当地社会经济发展，同时有效提升了该国核电技术本地化水平，增强了我国核电技术在国际市场的竞争力和影响力，有利于实现更大规模、更高水平的国际合作。

（三）海外核电市场布局

全球市场网络初具规模。近年来，核电“走出去”得到国家的高度关注和大力支持，习近平总书记和李克强总理多次向外国元首推介“华龙一号”技术，并见证我国企业签署了一系列核电合作文件。中核集团坚决贯彻落实党中央、国务院“走出去”战略部署，以共建“一带一路”国家为重点，积极开拓海外核电市场，深耕全球化布局。阿根廷核电项目历经10年培育开发，项目合作持续深化；成功入选保加利亚贝莱内核电项目战略投资者短名单；与沙特、阿联酋、约旦、巴西等10多个国家签署了核电合作文件；在肯尼亚中标核电厂址咨询服务合同，首次通过招投标进入国际核电工程咨询领域。中核集团已与60多个国家和地区建立了合作关系，并成立中原国际投资有限公司（香港），以此为载体提高投建营一体化能力，推动核电项目落地。积极稳妥做好海外区域布局，在重点开发国设立实体公司或代表处，通过区域前移实现对中东欧、中亚、东南亚、中东非洲、南亚以及拉美地区在全球核电市场的辐射与覆盖。

（四）海外运维服务

在过去的30年中，我国核电运行水平已经实现了从跟跑到并跑再到领跑的超越。1999年，中核集团与巴基斯坦原子能委员会签署恰希玛核电站全寿期服务合作协议，为中国海外运维开启新篇章。

创造海外运维服务良好业绩，为进入国际市场奠定了基础。自2000年起，中核集团已向巴基斯坦恰希玛C-1至C-4项目4台在运核电机组提供了20余次换料大修、10余次技术改造等运维服务。2020年，在全球新冠肺炎疫情对各国核电运维工作持续造成影响的情况下，C-4机组连续运行374天，创造了当地核电机组最佳运行纪录；C-2机组连续运行425天，再次刷新了当地在运机组连续运行纪录。2021年，C-4机组第二季度世界核电运营者协会（WANO）综合指数达到100分，这也是30年来巴方首次获得满分。

运维服务领域积淀深厚，建立了完善的海外运维服务支持体系。目前，中核集团在役机组覆盖CNP300、CNP600、HPR1000、AP1000、VVER、CANDU-6等堆型。基于多堆型的优异运行业绩以及丰富的运维经验，中核集团形成了完善的海外项目管理团队及供应链体系，运维服务保障能力持续增强。以放射性废物治理为例，中核集团拥有国内最为齐全的高、中、低放射性治理设施，研发了具有完整自主知识产权的湿法氧化、有机废物焚烧、活性炭滞留床等国内先进的废物处理技术，建立了具有一定国际竞争力的乏燃料运输团队，同时形成了科研、设计、建设、运行等全套废物处置体系，协助核电业主开展高水平的放废管理工作。

打造运维服务平台，树立海外运维国际品牌。立足当下，为切实发挥运维服务经验和产业协同优势，中核集团于2020年整合内部资源，在上海成立了中原运维海外工程有限公司（简称中原运维），形成了包括专项维修、专业培训、技术支持、运行支持、放射性废物处理处置、退役治理等在内的九大业务板块，旨在为全球核能客户提供全寿期运维服务。目前，已在加拿大、韩国、保加利亚、克罗地亚等国家实现运维服务合作零的突破。

（五）国际合作

除海外核工程项目合作之外，中核集团坚持以核为主、多元发展，以全产业链优势推动全方位国际合作。核燃料、核技术应用、工程建设、天然铀、核环保等主要产业的国际合作取得了一系列突破和进展。同时，积极推动国际核能技术交流合作，参与国际核领域治理，与国际原子能机构（IAEA）、WANO等开展了多项务实合作，在国际合作中不断提升行业整体技术水平和发展能力，扩大国际核领域话语权。

（六）国际化经营能力建设

充分发挥党的建设在国际合作过程中的引领和保障作用，创建了海外党建与工程融合模式。在海外项目合作的过程中，中核集团始终坚持党建引领，积极弘扬“四个一切”核工业精神和“强核报国、创新奉献”新时代核工业精神，形成了良好的海外党建品牌。坚持价值驱动赋能海外核工程项目建设，接受驻地使领馆党委和集团公司党组双重领导，创新开展跨单位党建联建，联合现场各参建单位成立党建联建联合委员会，打破行政组织壁垒，将党的组织体系和行政体系深度融合。在卡拉奇K2、K3项目中成立党员突击队，在主设备预引入等重大技术攻关、安全管理等环节中发挥中坚力量，成功确保“华龙一号”海外首堆工程顺利建成投产。

打造具有国际视野和相关知识结构的人才队伍，为海外市场开拓提供助力。为更好服务“走出去”战略，中核集团加强国际化经营人才发展统筹规划和分类指导，大力引进和培养国际化经营所需的市场开发、项目管理、商务法律等关键性、战略性和创新性人才，为海外业务发展提供人才保障。内部策划实施人才培养计划，鼓励各领域优秀人才前往IAEA、WANO等国际组织任职，并制定配套保障措施，打造与海外市场开发战略相匹配的复合型国际化人才队伍。

二　发挥体制优势，打造国际核电合作典范的经验启示

坚持党的领导是“走出去”的根本保证。中核集团“走出去”的发展始终坚定贯彻落实习近平总书记重要指示精神和党中央的决策部署。国际核电合作项目政治敏感度高、项目大、周期长，与大国政治、经济、外交紧密相关。党中央高度关注、领导人推动、政府各部门大力支持，是核能项目成功“走出去”的根本保证。

坚持自主创新是“走出去”的根本条件。以核电项目为例，无论是三十万千瓦级核电技术还是百万千瓦级“华龙一号”核电技术，均为我国自主研发设计，关键设备均在我国制造。只有技术上自立自强、产业链上不受制于人，才能在国际市场上“挺直腰杆”，不惧其他国家的技术竞争，确保核电项目技术可行、建设有序、运行安全稳定。

坚持多点协同发力是“走出去”的关键支撑。核电“走出去”需要在技术、供应链、金融等方面提供具有国际竞争力的系统解决方案。海外核电项目资金需求大、还款期限长，融资竞争力是决定项目成功与否的关键一环，需要金融机构提供强有力的融资支撑。

坚持长期交流合作是“走出去”的发展基础。以巴基斯坦核电项目为例，多年不间断的交流合作，促进了中巴两国人才、经验、核电领域设计和管理理念的交流，实现了两国核电行业规则标准的“软联通”。中方为巴方培养了大批核能领域高级技术和管理人才，而通过参与核电站设计、建造、调试、

运维等工作，巴方在相关领域的本地化能力稳步提升，使得双方建立了深度互信和深厚友谊，通过合作实现共同发展、互利共赢。

三 核电“走出去”前景展望

全球碳中和背景下，核电市场空间广阔。为应对气候变化，实现《巴黎协定》目标，全球各国正相继制定碳中和目标。全球已有137个国家承诺碳中和，其中有61个国家将碳中和写入具体法律或政策文件。IAEA在第26届联合国气候峰会（COP26）召开之前发布的《核能促进净零排放世界》[①]指出，在制定能源和气候政策时，必须为核能保留一席之地。此外,9个国家（中国、加拿大、芬兰、法国、日本、波兰、俄罗斯、美国、英国）在本国报告中也发布了核能有助于气候活动的调查结果声明。可以预见，未来核电仍将是全球能源市场的重要选择，这为向全球客户提供实现能源转型的核电解决方案、推动更多核电项目落地海外提供了新的机遇。

助力践行国家政策，体现大国担当。2020年，中国国家主席习近平在第七十五届联合国大会一般性辩论上表示，中国将提高国家自主贡献力度，采取更加有力的政策和措施，二氧化碳排放力争于2030年前达到峰值，努力争取于2060年前实现碳中和。[②]他还在第七十六届联合国大会一般性辩论上表示，中国将大力支持发展中国家能源绿色低碳发展，不再新建境外煤电项目。[③]此次宣告既是中国对碳中和目标的细节补充，也是中国向国际社会做出的进一步气候承诺，为全球气候转型注入了一剂“强心针”。核电作为“零碳”能源体系的基荷电源，技术成熟、运行稳定，是目前可以大规模替代煤炭、为电网提供稳定可靠电力的电源，将对我国构建现代能源体系、助力全球能源低碳转型、践行国家能源绿色低碳发展承诺起到重要作用。

① IAEA，*Nuclear Energy for a Net Zero World*，2021。

② 《习近平在第七十五届联合国大会一般性辩论上的讲话（全文）》，“光明网”百家号，2020年9月23日，https://m.gmw.cn/baijia/2020-09/23/34214329.html。

③ 江晓蓓:《习近平：中国不再新建境外煤电项目》，中国能源网，https://www.china5e.com/m/news/news-1122256-0.html。

疫情防控常态化时期，核电将确保国家能源的稳定供应。新冠肺炎疫情的反复造成国际能源市场波动进一步加剧，能源不稳定、不确定性明显增加。在当前能源问题凸显的情况下，核电作为能够提供大规模电力供应的基荷电源，是将能源成本控制在“合理区间”、降低对进口能源依赖的重要工具。鉴于核电对满足能源需求、实现能源自主和保障能源安全的重要作用，越来越多的国家将核电列入本国能源发展规划。根据世界核协会统计，在新兴核能市场，约有 30 个国家正在考虑、规划或启动核电计划，另有 20 多个国家对发展核电表示感兴趣。长期来看，海外核电市场仍存在增长空间。

四 核电“走出去”主要策略

推动核电“走出去”，需坚持“开拓创新、开放发展、协同配合、市场导向”的基本原则，结合国家“一带一路”倡议，布局重点区域，并以推动市场开发、工程建设、运维服务、国际贸易等业务的耦合增强、螺旋上升为核电“走出去”主要策略，促进核能产业国内国际双循环。

（一）供需双驱赢市场

为进一步开拓海外市场，需切实把握国际市场动向和需求特点，提高掌握国际规则和防范经营风险的能力，通过供给和需求双侧驱动、国内国际资源高效联动，开创国际市场开发新局面。

供给侧方面，积极推动核电“走出去”，适应国际核电市场投资需求，通过海外实体化公司以及代表处，紧握市场脉搏，提升需求响应能力。以“同心圆”模式，拓展非核电等相关多元业务，下好先手棋，为核电业务布好局，将海外市场的多元化需求和实践经验“带回来”，完善各相关单位合作机制，推动优势技术产品和服务创新升级，为客户提供适销对路的产品，增加有效供给，防止需求外溢，带动全产业链出海。

需求侧方面，巩固传统市场，围绕核电业主国本地化和技术转让等诉求制定一揽子措施，锁定后续核电项目。强化重点市场，深入挖掘核电建设及配套服务等发展需求和机遇，探索以投资并购模式与当地企业深入合作，快速进入所在国市场。拓展新兴市场，精准捕捉客户诉求，注重在能源规划、核安全监管、人才培养、项目评估、核应急专家决策、技术支持等核工业体系建设方面开展务实合作，提升获取未来潜在项目的可能性。

（二）创新引航促领先

构建新发展格局，需加快科技创新。“十四五”时期，需进一步落实新发展理念，以科技创新、管理创新引领企业发展、不断提升企业的综合实力，发挥核电国际合作与竞争新优势。

科技管理体系方面，完善科技管理体系，加快推进创新能力建设，推动核电关键技术与重要设备的国产化研究与元器件攻关，确保关键技术不受制于人，保障建成核电站的安全稳定运行及后续项目顺利实施。

施工方法创新方面，充分利用国内大循环优势，借鉴“华龙一号”首堆工程福清核电厂 5 号、6 号机组及其他工程建设经验，优化后续海外“华龙一号”项目工程设计和施工方案，进一步提高“华龙一号”技术先进性和经济性。

标准国际应用方面，结合国外项目特性，将海外项目经验与教训反馈至国内项目，推进国内机组参考国际最新核安全标准和用户要求进行设计优化，促进国内行业标准与国际对接，推动“华龙一号”标准应用，提升“华龙一号”的国际市场竞争力。

（三）运维服务树品牌

“十四五”时期，需充分发挥运维技术优势，为海外客户量身定制运维服务方案，系统消除安全运行隐患，与核电业主建立高度互信关系，提升中国海外运维服务品牌影响力，助推新核电项目出口。

在巴基斯坦传统市场，牢固树立“视如己出”理念，充分发挥国内核电产业技术优势，推动巴方与国内核电厂建立常态化经验共享机制。为巴方系统策划多维度运维服务方案，在核电厂群堆管理、设备可靠性管理、设备检查维修、技术更新等领域开展深入合作。增强战略互信，打造利益共同体，协助巴方提升在役核电机组运行绩效，并通过转化合作模式、引入竞争机制、优化备件采购流程等方式实现降本增效。

在新兴市场，因国施策制定运维服务市场开拓方案，以技术咨询、人员培训和专业检修为切入点，拓展潜力市场。发挥我国制造大国优势，利用中原运维资源集成优势，抢抓产业链、供应链新机遇，把国内优势产品推向国际市场。扩大国际合作范围，打造中原运维在海外市场的引智平台，培育核心技术能力，提升品牌美誉度。

（四）贸易协同创效益

国际贸易业务与市场开发、工程建设、运维服务协同效应显著。贸易业务可成为深耕重点市场、规避汇兑风险、推进全球化采购的重要手段，未来可进一步加强贸易业务与主业的协同。

一是发挥贸易业务在国际市场开发中的触角作用。利用中国制造业产业优势以及自贸区、自贸港区位优势，不断提高贸易产品附加值，提高贸易业务发展质量。通过贸易业务深化客户关系，把握市场所在国交易规则，规避市场风险，与市场国建立初步的合作关系，为深耕核电项目市场奠定基础。二是为核电项目的人民币借贷和使用提供借鉴。优化以人民币开展跨境贸易的结算方式，助推人民币国际化进程，应对美元结算风险，继续通过易货贸易消化境外收入本币资金，规避未来海外核电项目中可能存在的汇兑风险。三是发挥供应链优势。结合核电建设、运维及其他工程项目需求，在项目当地或周边国家采购设备和物资材料，降低供应链综合成本，增强全球化采购能力。

五　关于抢抓机遇大力推动核电“走出去”的建议

一是建议出台国家级核电出口战略规划。建议由国家部委牵头起草核电出口专项战略规划，明确“十四五”时期、2035 年前及 2050 年前核电出口的主要目标、重点任务、实施路径和保障措施；在顶层设计方面，加强核能领域高层对话，为核电出口企业明确方向并提供国家支撑；在国家战略规划的引领下，发挥体制优势，协调统筹各部委、金融机构、核电企业力量，增强资源调动能力，政府与企业协同发力，加快推动核电“走出去”。

二是建议为核电“走出去”制定专项融资政策。建议由国家部委牵头，统筹资源，组织制定针对核电出口项目的一揽子优惠融资政策，先在巴基斯坦等特定国别的核电项目上开展试点。比如，扩大“两优”贷款对核电出口项目的支持规模，提高信用放款额度，加大现有国际产能合作专项基金或专项贷款对核电项目的支持力度，降低综合融资成本，延长贷款期限，根据项目情况酌情减免信保，对涉及中方投资的项目给予国有资金支持，制定政策性银行或保险公司针对核电出口项目的融资方案及担保减免措施等。

三是建议加快完善核电出口相关的法律法规。近年来，我国颁布实施了一系列涉核领域法律、行政法规及部门规章，但与核电强国相比，我国涉核法律体系尚未完善，特别是缺乏统领核能领域的基础性法律。未来，建议加快推进原子能法出台，明确乏燃料管理政策，允许将我国出口核燃料产生的乏燃料运回境内贮存或后处理，在体现核大国担当的同时，增强我国核电出口的竞争力。同时，充分借鉴国际核损害赔偿实践经验，加快完善我国核损害赔偿制度。在国际形势日趋复杂的当下，应尽快完善我国对外投资法律体系，保障我国对外核电投资和其他投资的安全。

党的十九届六中全会为中国擘画的壮美蓝图徐徐展开，站在“两个一百年”的历史交汇点上，中国核工业处于重要的战略机遇期，要进一步深刻认识核电“走出去”的重要意义，自觉站在党和国家事业发展全局的高度，积极践行“强核报国、创新奉献”的新时代核工业精神，在促进核电产业国内国际双循环中真抓实干、砥砺前行，助力建设核工业强国。

国际篇

International Report

B.15

2021年世界核能发展

摘　要： 世界能源行业受新冠肺炎疫情影响较大，电力需求出现了很大降幅，核能影响相对较小。为了系统全面地了解世界核能发展趋势，对IAEA、IEA等国际权威机构数据进行调查研究，数据表明未来全球核电的装机容量将呈现持续增长趋势。全球能源绿色发展刻不容缓，核能在构建绿色低碳发展中地位凸显，欧洲多个国家和组织纷纷表示将调整政策，加大核能发展力度。

关键词： 核能发展　增长趋势　绿色低碳

一 核电生产运行[①]

截至 2021 年 12 月底，全球在运机组达到 437 台，总装机容量已超过 389508MWe，分布于世界 32 个国家或地区（见表 1）。2021 年，全球共有 6 台机组新并网发电，其中阿联酋 1 台（BARAKAH-2），印度 1 台（KAKRAOAR-3），巴基斯坦 1 台（KANUPP-2），中国 3 台（红沿河核电厂 5 号机组，田湾核电厂 6 号机组，华能石岛湾核电站示范工程 1 号反应堆）。我国红沿河核电厂 5 号机组于 2021 年 6 月 25 日并网成功，于 7 月 31 日投入商业运营；田湾核电厂 6 号机组于 2021 年 5 月 11 日并网成功；华能石岛湾核电站示范工程 1 号反应堆于 12 月 20 日成功并网并发出第 1 度电。全球有 10 台机组永久关闭，其中美国 1 台（INDIAN POINT-3），英国 3 台（DUNGENESS B-1，DUNGENESS B-2，HUNTERSTON B-1），德国 3 台（BR OKDORF,GROHNDE,GUNDREMMINGEN-C），俄罗斯 1 台（KURSK-1），巴基斯坦 1 台（KANUPP-1），中国台湾 1 台（KUOSHENG-1）。

截至 2021 年底，全球核电机组运行堆数累计 19196 堆年，在运反应堆中，主要包括压水堆（PWR）、沸水堆（BWR）和重水堆（PHWR）3 种堆型，数量分别为 303、61 和 47 台，分别占据在运反应堆总数的 69.02%、14.02% 和 10.85%。全球各国和地区在运核电机组情况见图 1。

表 1　全球各国和地区在运核电机组情况

国家	在运机组数量	净装机容量（MWe）	2020 年核发电量（TWh）	核电占比（%）
白俄罗斯	1	1110	0.3	1.0
亚美尼亚	1	448	2.6	34.5
伊朗	1	915	5.8	1.7
荷兰	1	482	3.9	3.3

① 本节内容是在《中国核能发展报告（2020）》和《中国核能发展报告（2021）》基础上更新的。

续表

国家	在运机组数量	净装机容量（MWe）	2020 年核发电量（TWh）	核电占比（%）
斯洛文尼亚	1	688	6.0	37.8
阿联酋	2	2762	1.6	1.1
巴西	2	1884	13.2	2.1
保加利亚	2	2006	15.9	4.1
墨西哥	2	1552	10.9	4.9
罗马尼亚	2	1300	10.6	19.9
南非	2	1854	11.6	5.9
德国	3	4405	60.9	11.3
阿根廷	3	1641	10.0	7.5
芬兰	4	2794	22.4	33.9
匈牙利	4	1916	15.2	48.0
斯洛伐克	4	1868	14.4	53.1
瑞士	4	2960	23.0	32.9
巴基斯坦	5	2242	9.6	7.1
捷克	6	3934	28.4	37.3
瑞典	6	6882	47.4	29.8
西班牙	7	7121	55.8	22.2
比利时	7	5942	32.8	39.1
英国	12	7343	45.9	14.5
乌克兰	15	13107	71.5	51.2
加拿大	19	13624	92.2	14.6
印度	22	6795	40.4	3.3
韩国	24	23091	152.6	29.6
日本	33	31679	43.0	5.1
俄罗斯	37	27727	201.8	20.6
中国	53	50034	344.7	4.9

续表

国家	在运机组数量	净装机容量（MWe）	2020 年核发电量（TWh）	核电占比（%）
法国	56	61370	338.7	70.6
美国	93	95523	789.9	19.7
总计	437	389508	2553.3	

注：表中数据来自国际原子能机构（IAEA），反应堆数量和净装机容量统计截至 2021 年底。核发电量、核电占比数据来自世界核协会（WNA），核发电量为 2020 年数据。中国数据是指我国大陆核电数据情况，由于衡定标准不同，与国内统计数字有所差别；总计中包含了中国台湾数据（3 台机组，装机容量总计 2859MWe，2020 年核发电量为 26.8TWh）。

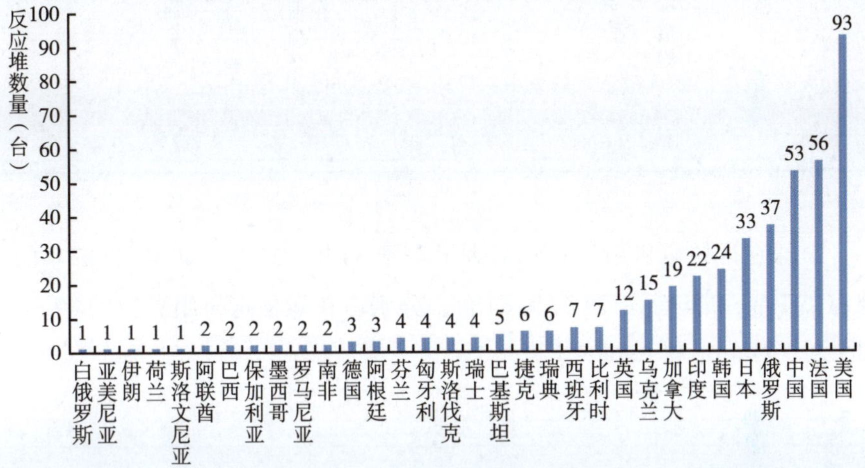

图 1　世界在运反应堆分布情况

说明：图中数据来自 IAEA，统计截至 2021 年底，其中中国数据指我国大陆核电数据情况，由于衡定标准不同，与国内统计数据有所差别。

全球已具有核发电能力的国家中，美国、法国、中国、俄罗斯和日本在运反应堆规模居世界前 5 位，反应堆数量占全球总量的 62.24%，装机容量占全球总量的 68.38%。

世界各国电力结构中，核电占比超过 10% 的有 19 个国家，超过 25% 的有 12 个国家，超过 50% 的有 3 个国家。各国电力结构中核电占比情况见图 2。

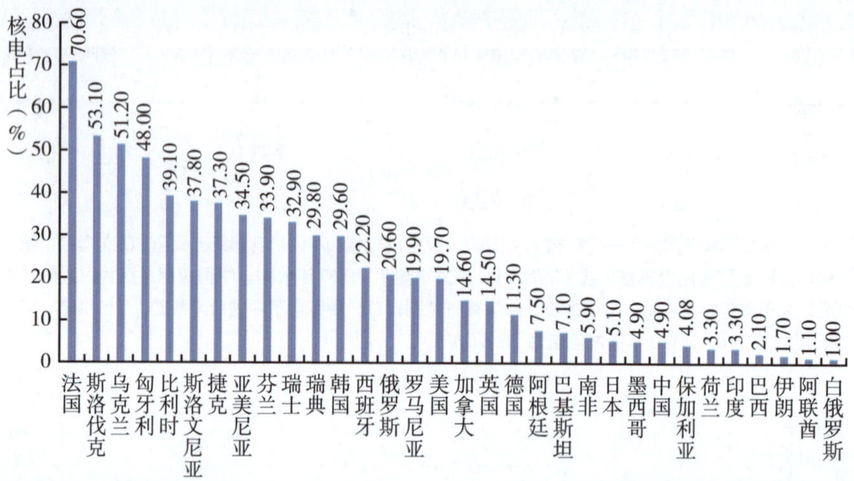

图 2　各国电力结构中核电占比情况

说明：数据来自 WNA，统计数据为 2020 年情况。

全球在运核电机组运行年龄大于等于 30 年、35 年、40 年和 45 年的分别有 295 台、235 台、120 台和 64 台，分别占在运核电机组总数的 67.51%、53.78%、27.46% 和 14.65%（见表 2）。

表 2　全球在运核电机组运行年龄、数量及占比情况

运行年龄（年）	数量（个）	占比（%）
≥ 30	295	67.51
≥ 35	235	53.78
≥ 40	120	27.46
≥ 45	64	14.65

二　核电工程建设①

截至 2021 年底，全球在建核电机组达到 52 台，分布于 19 个国家或地

① 本节内容是在《中国核能发展报告（2020）》和《中国核能发展报告（2021）》基础上更新的。

区，总装机容量达 55087MWe（见表 3）。世界各国在建核电净装机容量与台数情况如图 3 所示。压水堆在建反应堆占比较高，已达到 84.62%。世界各堆型在建装机容量情况如图 4 所示，世界在建机组各堆型数量占比情况见图 5。

表 3　世界各国和地区在建核电机组情况

单位：台，MWe

国家	机组数量	净装机容量
中国	14	14792
韩国	4	5360
阿联酋	2	2690
印度	6	4194
俄罗斯	4	3759
日本	2	2653
美国	2	2234
白俄罗斯	1	1110
孟加拉国	2	2160
乌克兰	2	2070
巴基斯坦	1	1014
法国	1	1630
芬兰	1	1600
巴西	1	1340
土耳其	3	3342
斯洛伐克	2	880
阿根廷	1	25
英国	2	3260
伊朗	1	974
总计	52	55087

注：数据来自 IAEA，统计截至 2021 年底，其中中国数据指我国大陆情况。由于衡定标准不同，与国内统计数字有差别，差额 4 台为国和示范工程 1 号、2 号，海南昌江多用途模块式小型堆，霞浦快堆 2 号。

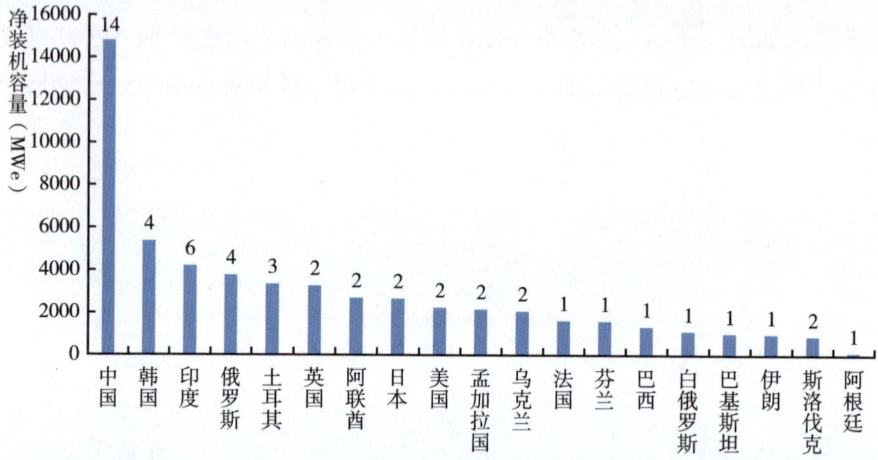

图 3　世界各国在建核电机组净装机容量与台数情况

说明：数据来自 IAEA，统计截至 2021 年底，柱状图上方数字为机组数量（台）。

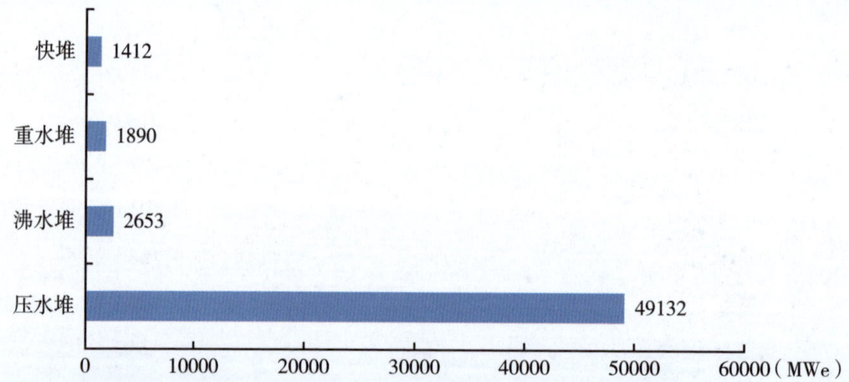

图 4　世界各堆型在建装机容量情况

说明：数据来自 IAEA，统计截至 2021 年底。

部分国家核电项目工程建设进展情况如下。

英国：欣克利角 C 核电项目承建方之一的法国电力集团表示，新冠肺炎疫情造成的延误将使该项目成本增加约 5 亿英镑，并将预计投运日期推迟到 2026 年。

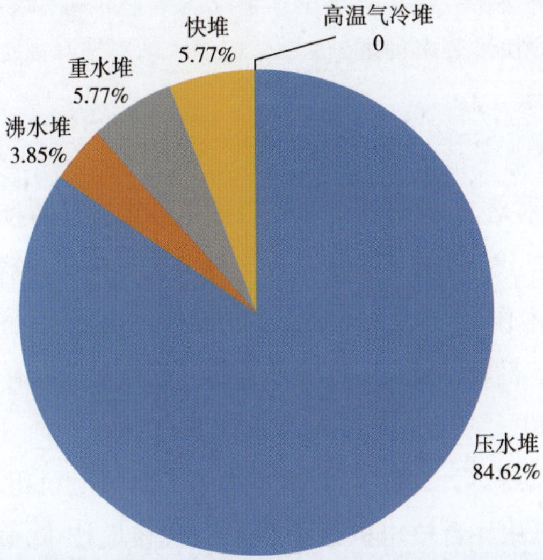

图 5　世界在建机组各堆型数量占比情况

说明：数据来自 IAEA，统计截至 2021 年底。

阿联酋：巴拉卡（Barakah）核电站 2 号机组首次并网发电成功。

土耳其：首座核电站阿库尤（Akkuyu）3 号反应堆于 2021 年 4 月正式动工。阿库尤 1 号反应堆定于 2023 年正式投运。

美国：沃格特勒（Vogtle）核电厂 3 号机组由于出现严重的质量控制问题，接受美国核管会（NRC）的专项检查，将进一步推迟投运。

白俄罗斯：奥斯特罗维茨（Ostrovets）核电厂 1 号机组（VVER-1200）于 2021 年 6 月正式投运，2 号机组于 2021 年 9 月进入热试阶段。

芬兰：奥尔基洛托（Olkiluoto）核电站 3 号机组于 2021 年 12 月首次达到临界状态。

三　核能技术发展

根据IAEA数据统计，截至2021年底，全球有78种先进堆型的概念设计，包括三代压水堆、沸水堆、加压重水堆、钠冷快堆、高温气冷堆、铅冷快堆、超临界水冷堆、气冷快堆等多种堆型。

（一）第三代核电技术

第三代核电技术是21世纪的主要商用核电技术。目前投运和开工建设的核电机组主要以三代核电技术为主，在全球降低碳排放和清洁能源转型环境下，三代核电技术作为可以大规模商业建设的核电技术，预计到21世纪中叶都将以其为主。目前已经实现商业部署的三代核电技术有“华龙一号”、AP1000、EPR、VVER、APR1400和ABWR等堆/机型。

根据IAEA数据统计，2021年全球开工了5台核电机组，总装机容量为478.5万千瓦，其中4台核电机组采用了三代核电技术，总装机容量为448.5万千瓦。截至2021年底，全球在建的核电机组有51台，总装机容量为5397.0万千瓦。其中，在建三代核电机组41台，数量约占全部在建核电机组的80%。第三代核电技术部署、投运、在建情况见表4、表5、表6。

2021年12月21日，芬兰奥尔基洛托核电站3号EPR机组实现首次临界，标志着芬兰40多年来首次启用新的商业核电站。该机组预计于2022年6月投入商业运行，届时核电在芬兰电力结构中的占比将达到60%。

表4 第三代核电技术部署情况（截至2021年底）

单位：台

堆/机型	投运	在建	中止建设
AP1000	4	2	2
EPR	2	4	0
VVER-1200	5	9	0
VVER-TOI	0	2	0
APR1400	3	6	0
华龙一号	2	12	0
国和一号	0	2	0
ABWR	4	4	0
总计	20	41	2

表 5　第三代核电技术投运情况（截至 2021 年底）

单位：台

状态 / 数量	机型 / 台数	设计商	核电站 / 机组名称
在运（21）	AP1000（4）	西屋公司	三门 1#、2#，海阳 1#、2#
	EPR（2）	阿海珐（法马通）	台山 1#、2#
	VVER-1200（5）	俄原公司	新沃罗涅日 2-1#、2-2#，列宁格勒 2-1#、2-2#，白俄罗斯 1#
	APR1400（4）	韩国水电核电公司	新古里 3#、4#，巴拉卡 1#、2#
	华龙一号（2）	中核集团	福清 5#，卡拉奇 2#
	ABWR（4）	通用一日立，东芝	柏崎刈羽 6#、7#，志贺 2#，滨冈 5#

表 6　第三代核电技术在建情况（截至 2021 年底）

单位：台

状态 / 数量	机型 / 台数	设计商	核电站 / 机组名称
在建（41）	VVER-1200（9）	俄原公司	波罗的海 1#，白罗斯 2#，卢普尔 1#、2#，阿库尤 1#、2#、3#，徐大堡 3#，田湾 7#
	VVER-TOI（2）	俄原公司	库尔斯克 2-1#、2-2#
	APR1400（6）	韩国水电核电公司	新古里 5#、6#，新蔚珍 1#、2#，巴拉卡 3#、4#
	AP1000（2）	西屋公司	沃格特勒 3#、4#
	EPR（4）	阿海珐（法马通）	奥尔基洛托 3#，弗拉芒维尔 3#，欣克利角 C 1#、2#
	华龙一号（12）	中核集团、中国广核集团	福清 6#，防城港 3#、4#，卡拉奇 3#，漳州 1#、2#，太平岭 1#、2#，三澳 1#、2#，昌江 3#、4#
	国和一号（2）	国家电投集团	国核示范 1#、2#
	ABWR（4）	通用一日立，东芝	岛根 3#，大间町 1#，龙门 1#、2#

（二）小型模块化反应堆

俄罗斯成功实现浮动核电站商业运行。俄罗斯国家原子能公司技术设计局已开始设计改进型浮动核电站，预计 2 年内完成。改进型浮动核电站将是“罗蒙诺索夫院士”号浮动核电站的缩小版，但其结构更简单、性能更强大，更容易大规模建造，配备两座 RITM-200 反应堆。RITM-200 反应堆可将浮动核电站的发电功率提高到 100 兆瓦，比“罗蒙诺索夫院士”号提高 30 兆瓦。改进型浮动核电站将不用返回总部就可以换料。美国 NuScale 小堆获得多家企业投资，日本 JGC HD 工程咨询公司、韩国企业斗山重工和三星集团均表示以入股或追加资金的方式支持 NuScale 电力公司实现小堆商业部署。

（三）第四代核能系统

核电强国积极布局第四代核能系统研发应用。俄罗斯建造的 BN-800 快中子堆首次使用铀—钚混合氧化物（MOX）燃料进行完全换料，这标志着俄罗斯向闭式燃料循环迈出了重要一步。俄罗斯 BREST-OD-300 铅冷快堆首台机组反应堆阀基首方混凝土的浇筑预计将于 21 世纪 20 年代后半期开始运行，成本预计约 13.89 亿美元，该反应堆将使用混合氮化物铀钚燃料，为未来的 BREST-1200 商用堆提供参考。美国爱达荷国家实验室建设的熔盐实验快堆，将是世界上首座达到临界状态的熔盐实验快堆。美国国防部启动微型可移动反应堆计划（“贝利计划”），与巴威先进技术公司和埃克斯能源公司签署研发可移动原型高温气冷微堆的合同。“贝利计划”设计功率为 1~5 兆瓦，满功率运行不低于 3 年，交付 3 天即可投入使用，7 天内可安全撤离。“贝利计划”已于 2021 年初完成初步设计，有望于 2023 年进行满功率测试，于 2024 年进行户外移动测试。美国伊利诺伊大学已向 NRC 提交建设超安微堆（MMR）的意向书，MMR 作为培训、研究和试验堆，将用于向校园供热和供电。MMR 是热功率 15 兆瓦、电功率 5 兆瓦的高温气冷堆，采用六角形石墨块堆芯，包含全陶瓷微封装燃料芯块，可运行 20 年不换料。

（四）核聚变堆

可控核聚变等离子体理论研究、材料开发和运行试验方面不断涌现新的成果。美国国家点火装置（NIF）成功实验创造了 1.3 兆焦聚变产额新纪录，达到了“核聚变点火的门槛”。英国兆安球形托卡马克装置成功完成升级并首次获得等离子体。

（五）先进核燃料研发

法国法马通公司 GAIA 增强型事故容错燃料（EATF）完成首次燃料循环，检查结果表明燃料性能符合预期。EATF 先导组件已在美国沃格特勒核电厂 2 号机组完成 18 个月的燃料循环，标志着全球首个包含燃料芯块和包壳的标准长度 EATF 概念核燃料组件首次完成燃料循环。在 2020 年 8 月该核电机组换料大修期间，操纵员移除了 4 个先导燃料组件并进行了检查，结果表明燃料性能符合预期。未来，此批 EATF 先导组件还将经历两次为期 18 个月的燃料循环，并在结束后进行详细检查和测量。

西屋公司的 Encore 耐事故燃料棒正在进行为期 1 年的辐照后检测取证；X 能源公司计划于 2025 年建成第一座商用 TRISO 燃料设施；超安核技术公司首次生产的全陶瓷微封装燃料（下一代 TRISO 燃料）正在进行入堆考验。

四　核燃料循环产业

（一）天然铀

1. 铀资源量

根据 2020 年底经合组织核能署（NEA）和 IAEA 共同发布的《铀矿资源：产量和需求》（Uranium Resources: Production and Demand）统计，截至 2019 年初，世界范围内已探明（包括合理确定资源和推测资源）可采铀资源总量，即开采成本低于 260 美元 / 千克铀的资源总量达到 807.04 万 tU，较 2017 年的 798.86 万 tU 增长 1.0%；开采成本低于 130 美元 / 千克铀的资源总量达到 614.83 万 tU，较 2017 年的 614.22 万 tU 增长 0.1%；开采成本低于 80 美元 / 千克铀的资源总量达到 200.76 万 tU，较 2017 年的 207.95 万 tU 减少 3.5%；开采成本低于 40 美元 / 千克铀的资源总量达到 108.05 万 tU，较 2017 年的 105.77 万 tU 增长 2.2%。全球待查明资源总量达 722.03 万 tU，非常规可采铀资源总量达 3900 万 tU。图 6 为世界主要铀矿国家及储量占比。

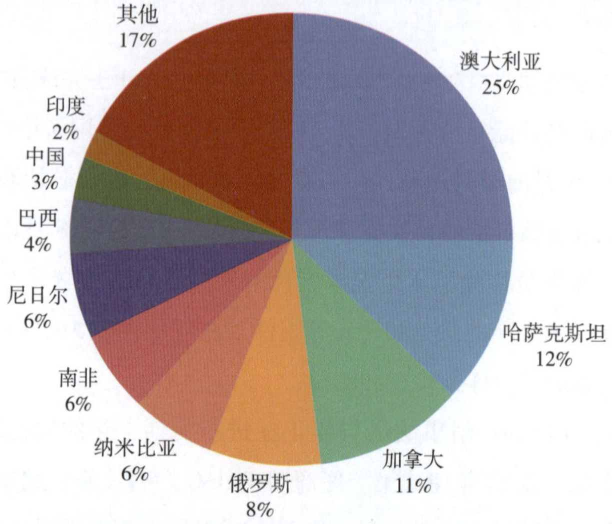

图 6　世界主要铀矿国家及储量占比

2. 天然铀生产

2021 年全球天然铀产量为 47312tU，与 2020 年基本持平。2021 年全球天然铀生产继续受新冠肺炎疫情影响，尤其是加拿大和哈萨克斯坦，产量较疫情前 2019 年水平分别下降 32% 和 4%。此外受兰杰（Ranger）铀矿永久关停以及奥林匹克坝（Olympic Dam）铜铀矿的水冶厂大修影响，澳大利亚在 2021 年的天然铀产量较 2020 年下降 38%。2021 年全球天然铀产量各国占比如图 7 所示。

3. 天然铀价格

根据国际权威机构 UxC 的《铀市场展望》报告（2022 年第一季度发布），2021 年全球天然铀需求量为 62496tU，除 47312tU 的一级生产供应外，剩余铀需求由二级供应满足。2021 年一级生产供应增长乏力，加之库存供应加速下降，致使天然铀年平均现货价从 2020 年的约 29.49 美元 / 磅上涨至 2021 年的约 34.92 美元 / 磅。2011~2021 年长期天然铀价格变化趋势如图 8 所示。

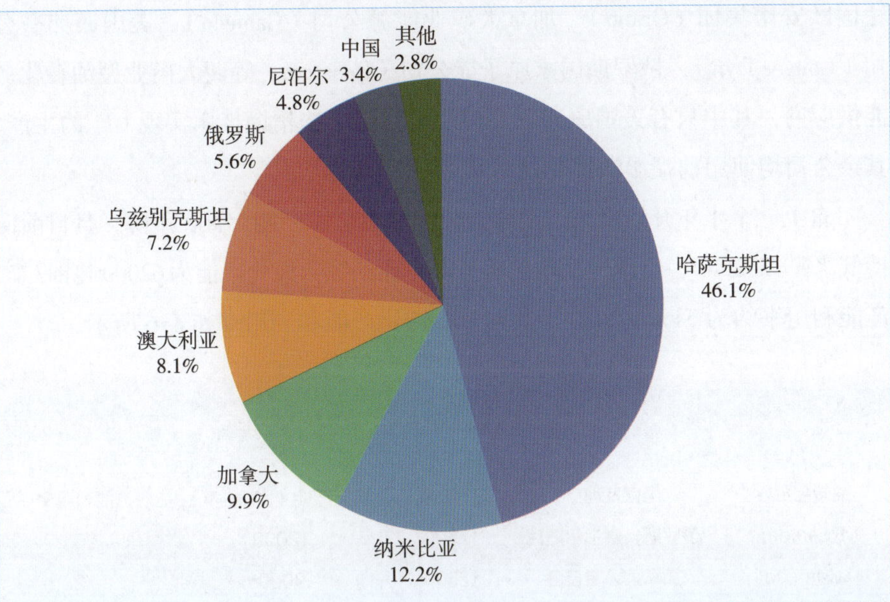

图 7　2021 年全球天然铀产量各国占比

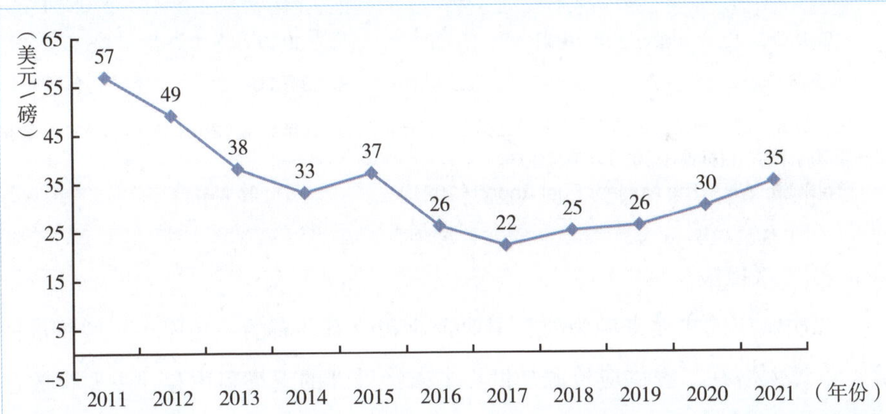

图 8　2011~2021 年长期天然铀价格变化趋势

（二）铀转化

1. 一次供应

铀转化供应可以分成一次供应和二次供应。当前，国外一次供应企业有法国欧安诺集团（Orano）、加拿大矿业能源公司（Cameco）、美国康弗登公司（Conver Dyn）、俄罗斯国家原子能公司（Rosatom）等四大商业型铀转化产能供应商，其中只有美国康弗登公司使用后端干法精馏技术实现 UF_6 的生产，其余公司均使用前端湿法纯化技术实现 UF_6 的生产。

自上一个十年开始以来，全球铀转化供应总体产能一直在下降，且目前保持低水平。2020 年，全球一次转化服务供应商的综合设计产能为 62000 吨铀/年，产能利用率约为 51%。2020 年全球 UF_6 转化产能和利用率如表 6 所示。

表 6　2020 年全球 UF_6 转化产能和利用率

单位：吨铀 / 年，%

铀转化企业	国家及地点	设计产能	实际产能（2022 年）	产能利用率
Rosatom	俄罗斯，谢韦尔斯克	12500	12000	96
Cameco	加拿大，霍普港	12500	9000	72
Orano	法国，特里卡斯坦、马尔维西	15000	2600	17
Conver Dyn	美国，梅特罗波利斯	7000	0	0
CNNC	中国，兰州、衡阳	15000	8000	53
总量		62000	31600	51

注：Orano 的新转化设施仍在生产升级过程中，预计将于 2023 年完成。2021 年 1 月，MTW 宣布了一项重启计划，目标是在 2023 年恢复生产。

资料来源：WNA The Nuclear Fuel Report（2021）。

2. 二次供应

二次供应的主要来源为公共事业企业和政府持有的民用库存。按质量计算，第二大潜在二次供应资源是世界上未经处理的乏燃料库存，主要存放在反应堆所在地，它是一种潜在资源，因为到目前为止大多数国家使用的燃料仍然是临时储存的。

据统计，二次供应平均每年的全球市场份额为 35%~50%，2019 年二次供应的全球市场供应量约为 3.08 万吨。未来随着历史库存逐渐消耗，二次供应有望逐渐减少。表 7 为按起始阶段划分的铀转化二次供应源分类。

<table>
<caption>表 7　按起始阶段划分的铀转化二次供应源分类</caption>
<tr><th>起始阶段</th><th>经济作用</th><th>所有者</th><th>初始二次资源的类型</th><th>次级材料的市场形式</th></tr>
<tr><td rowspan="5">核反应堆预辐照（前端）</td><td rowspan="2">目标（期望）产品</td><td>商业实体（生产商、贸易商、公共事业企业）</td><td>商业库存</td><td>· 天然 U_3O_8，UF_6；
· 作为 LEU 的 UF_6、UO_2、预制燃料及其进料 /SWU 部件</td></tr>
<tr><td>政府及承包商</td><td>军事相关材料和贫化铀</td><td>· 来自剩余武器级高浓缩铀的低浓铀</td></tr>
<tr><td rowspan="3">副产品（包括供料不足）</td><td>国际燃料库</td><td>规格方面与商业库存相当</td><td>· LEU 作为 UF_6 储备</td></tr>
<tr><td>商业实体（浓缩服务供应商）或政府及承包商</td><td rowspan="2">遗留的尾料和供料不足</td><td>· 天然铀相当于来自尾料的 UF_6</td></tr>
<tr><td>商业实体（浓缩服务供应商）</td><td>· 来自尾料的 LEU 或如 UF_6 一样供料不足</td></tr>
<tr><td rowspan="2">核反应堆后辐照（后端）</td><td>可回收产品</td><td>商业实体或政府及承包商</td><td rowspan="2">再生材料</td><td>· 后处理铀
· 主要作为 UO_2 的浓缩后处理铀（ERU）
· 含乏燃料或国防用钚的混合氧化物燃料
· 未处理的乏燃料（潜在来源）</td></tr>
<tr><td>回收材料的副产品</td><td>商业实体（浓缩服务供应商）</td><td>· 轻度辐照铀的 LEU（DSIU）
· 作为 UF_6 或 UO_2 的贫化后处理乏燃料（RepU）</td></tr>
</table>

3. 市场价格

在整个核燃料加工环节，铀转化技术比较简单，因此铀转化产品价格也低于其他核燃料产品。据以往数据统计分析，在核燃料整体采购成本中，天然铀在核燃料循环各环节的购买成本占比最高，约为 48%；燃料元件次之，占比约为 23%；铀浓缩占比约为 18%；而铀转化服务在整个核燃料产品成本中占比最低，仅为 9%。

根据 UxC 统计，自 2013 年以来，铀转化全球市场中的长期价格和现货价格均开始下行，长期价格与现货价格相背而行。从 2018 年起，全球铀转化的价格逐渐呈现上升趋势，2021 年铀转化的价格约为 16 美元 / 千克铀，并且出现现货价格与长期价格倒挂的现象。由于需求有限和库存积压，2021 年大部分时间铀转化价格呈下降趋势。随着美国梅特罗波利斯铀转化厂（产能 7000 吨铀）将要重启，现货市场很可能在未来保持平衡状态。图 9 为 2011~2021 年国际铀转化市场现货价格和期货价格趋势。

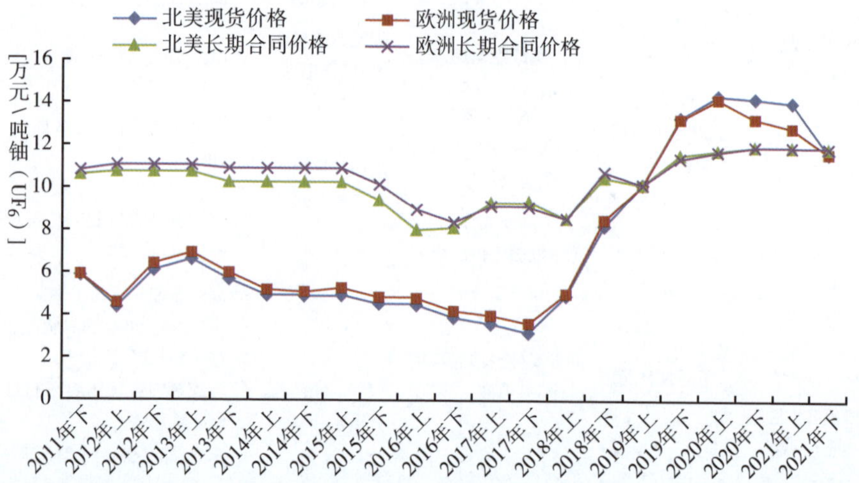

图 9　2011~2021 年国际铀转化市场现货和期货价格趋势

资料来源:《核燃料循环国际观察》，相关数据由陈亚君、肖朝凡、陈思喆、陆燕等整理。

（三）铀浓缩

浓缩铀的供应包括商业浓缩厂提供的一次供应以及二次供应（如先前生产的浓缩铀或尾料再浓缩的库存）。铀浓缩技术具有战略敏感性和资本密集性，这使得新供应商的加入受到一定的限制。因此，浓缩铀作业只集中在世界范围内一定数量的设施上。目前，铀浓缩工业有三大生产商，即法国欧安诺集团、俄罗斯国家原子能公司和欧洲铀浓缩公司。中国核工业集团有限公司正在发展成为国内主要供应商，并正在寻求出口销售。日本和巴西各自的国内燃料循环公司继续管理少量的国内供应产能。而其他厂商未受保障的设施继续遭到国际社会的反对。

1. 一次供应

国际市场铀浓缩服务供应商包括 Rosatom、Orano 与 Urenco。根据 WNA 统计，2020 年铀浓缩总额定产能约为 6.05 万 tSWU。其中，Rosatom 产能最大，为 2.77 万 tSWU；其次是 Urenco，产能为 1.83 万 tSWU；Orano 产能为 0.75 万 tSWU。表 8 为 2020 年国际市场中主要铀浓缩供应商产能。

表 8　2020 年国际市场中主要铀浓缩供应商产能

单位：万 tSWU

铀浓缩厂商	额定产能
Rosatom	2.77
Orano	0.75
Urenco	1.83
CNNC	0.63
其他（日本、巴西等）	0.07
总量	6.05

资料来源：WNA The Nuclear Fuel Report（2021）。

2. 二次供应

国际市场铀浓缩二次供应产品主要包括高浓缩铀（HEU）经稀释过的低浓缩铀产品（LEU）、核电机组和铀浓缩企业自持的商业库存、混合氧化物（MOX）燃料以及经后处理回收的铀（RepU）。相比于一次供应，二次供应市场份额并不大，根据 UxC 公司统计，近 5 年全球市场铀浓缩二次供应量约为 9000tSWU/a。

美国能源部通过稀释其库存中的高浓缩铀获得低浓缩铀产品并面向市场出售，占据一定份额的铀浓缩二次供应市场。受 2011 年发生的日本福岛核事故的影响，下属的核电机组被提前关停，使其核电运营商在一定程度上持有部分铀浓缩库存。据测算，目前 Rosatom 库存约为 5000tSWU，Urenco 库存约为 4000tSWU，Orano 库存约为 7000tSWU。

国际市场中铀浓缩产品二次供应还包括 MOX 燃料以及经后处理回收的

铀。通过乏燃料后处理，回收其中95%的铀和钚制造MOX燃料，并继续在法国、日本等核能国家建造的商用压水堆中使用，满足了一部分国际铀浓缩产品一次供应需求；俄罗斯则通过混合后处理回收铀与高丰度低浓铀（10%~20%）实现浓缩后处理铀（ERU）的生产，产品主要用于本土及出口国的RMBK反应堆核电机组中，这部分产品无须占用铀浓缩厂的产能，同样满足了部分铀浓缩产品的一次供应需求。

3. 市场价格

根据统计，2004~2009年，铀浓缩产能的价格从109美元/kgSWU涨至约160美元/kgSWU，单位分离功上涨了约51美元。然而受到日本福岛核事故的影响，现货价格自2010年开始总体呈下降趋势，截至2018年降至36美元/kgSWU。国际市场中，2021年全年的现货平均价格为54.04美元/kgSWU，其中下半年的现货平均价格为55.25美元/kgSWU。图10为2011~2021年国际铀浓缩市场现货价格和期货价格趋势。

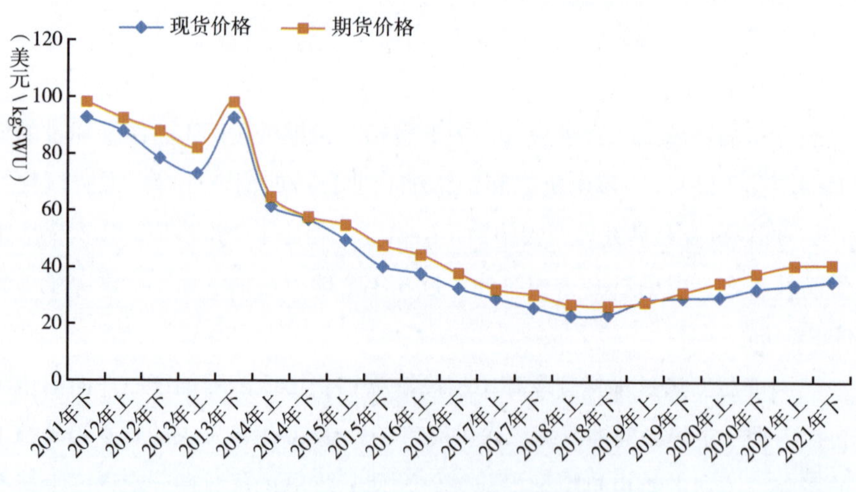

图10 2011~2021年国际铀浓缩市场现货和期货价格趋势

资料来源：《核燃料循环国际观察》，相关数据由陈亚君、肖朝凡、陈思喆、陆燕等整理。

（四）燃料元件制造

1. 轻水堆燃料

轻水堆燃料的制造能力可以分为转化、造粒和燃料棒制造 / 组装，2020 年国际主要核燃料元件供应商产能现状如表 9 所示，表 9 中显示的铭牌产能是理论值，并不反映运行能力，后者数值更低。

表 9　2020 年国际主要核燃料元件供应商产能现状

单位：吨铀

地区	国家	制造商	位置	转化	造粒	棒 / 组件
美洲	巴西	巴西工业原子能公司（INB）	雷森迪（Resende）铀浓缩厂	160	120	400
		法国法马通公司	里奇兰	1200	1200	1200
	美国	全球核燃料公司（GNF）	威明顿市	1200	1000	1000
		美国西屋电气公司（WEC）	哥伦比亚	1600	1594	2154
美洲总计				4160	3914	4754
亚洲	中国	中核建中核燃料元件公司（CJNF）	宜宾	800	800	800
		中核包头核燃料元件股份有限公司（CBNF）	包头	0	0	400
		中核北方核燃料元件有限公司（CNNFC）	包头	200	200	200
	印度	印度核燃料联合体（NFC）	海得拉巴	48	48	48
	日本	日本核燃料工业公司（PWR）	熊取	0	383	284
		日本核燃料工业公司（BWR）	东海村	0	250	250
		三菱核燃料公司（MNF）	东海村	450	440	440
		全球核燃料日本公司（GNF-J）	神奈川县	0	620	630
	哈萨克斯坦	乌尔巴核燃料组件厂（UFAP）	乌斯季卡缅诺戈尔斯克	0	108	200
	韩国	韩国电力公司（KEPCO）	大田	700	700	700
亚洲总计				2198	3549	3952

续表

地区	国家	制造商	位置	转化	造粒	棒 / 组件
欧洲	法国	法国法马通公司（FBFC）	热蒙	1800	1400	1400
	德国	法国法马通公司（ANF）	林根	800	650	650
	俄罗斯	俄罗斯核燃料元件公司（TVEL）	埃列克特罗斯塔尔	1500	1500	1560
			新西伯利亚	450	1200	1200
	西班牙	埃努萨核燃料公司（ENUSA）	胡兹巴多	0	500	500
	瑞典	西屋电气公司（OKGAB）	韦斯特罗斯	787	600	600
	英国	西屋电气公司	斯普林菲尔德	950	600	860
欧洲总计				6287	6450	6770
全球总计				12645	13913	15476

资料来源：WNA The Nuclear Fuel Report（2021）。

2. 重水堆燃料

当前，全球共有 7 个国家运营重水堆核电站及配套的核燃料元件生产厂，分别是加拿大、巴基斯坦、罗马尼亚、中国、阿根廷、印度、韩国。2020 年国际重水堆燃料产能现状如表 10 所示。

表 10　2020 年国际重水堆燃料产能现状

单位：tHM/yr

国家	制造商	工厂位置	棒 / 组件
阿根廷	阿根廷核燃料公司	科尔多瓦 & 埃塞萨	160
加拿大	卡梅科燃料制造公司	霍普港	1500
加拿大	BWXT 公司	多伦多，彼得伯勒	1500
中国	中核北方核燃料元件有限公司	包头	246
印度	印度核燃料联合体	海得拉巴	1000
韩国	韩国电力公司	大田	800
巴基斯坦	恰希玛燃料制造厂	恰希玛	20
罗马尼亚	罗马尼亚国家核电公司	皮特什蒂	250
总计			5476

资料来源：WNA The Nuclear Fuel Report（2021）。

3. 氧化物燃料

Orano 继续向日本的反应堆提供混合氧化物燃料。2017 年，Orano 与日本核燃料工业公司（NFI）签署了一份合同，为关西电力公司的高滨 3 号和 4 号反应堆制造 32 个混合氧化物燃料组件。全球混合氧化物燃料制造能力如表 11 所示。

表 11　全球混合氧化物燃料制造能力

单位：tHM/yr

制造商	国家	位置	芯块加工能力	组件加工能力
法国欧安诺集团（Orano）	法国	马尔库尔	195	195
印度原子能部核燃料综合体公司	印度	塔拉普尔	50	50
JAEA	日本	东海村	5	5
JNFL	日本	六所村*	130	130
采矿化学联合企业	俄罗斯	热列兹诺戈尔斯克	60	60
总计			440	440

* 到 2024 年投入使用。

资料来源：WNA The Nuclear Fuel Report（2021）。

（五）乏燃料管理

随着核电站乏燃料的不断积累，乏燃料管理问题越来越成为制约核电发展的关键问题之一。截至 2020 年底，全球核反应堆共计产生乏燃料逾 44 万 tHM，平均每年从反应堆卸出的乏燃料约有 1 万 tHM，超过 2/3 的乏燃料采取贮存的方式进行管理。国际经验表明，无论是采取一次通过还是采取闭式循环的乏燃料管理战略，均建立了一定规模的乏燃料贮存能力。

根据 IAEA 2022 年 1 月发布的《乏燃料和放射性废物管理现状与趋势》，截至 2016 年底，各国从核反应堆卸出的乏燃料总计约有 183500tHM，主要采用湿法贮存，约有 80000tHM 主要采用干法贮存，共计 127000tHM 已经过后处理。从研究堆和其他反应堆中卸出的乏燃料总计约有 4130tHM，约有 1163tHM 采用湿法贮存，约有 2967tHM 采用干法贮存。截至 2019 年底，国际商用乏燃料后处理产能约为 3970tHM/a，其中法国 1700tHM/a，英国 1500tHM/a，俄罗斯 400tHM/a，印度 330tHM/a，日本 40tHM/a。世界主要核电国家乏燃料管理情况如表 12 所示。

表 12　世界主要核电国家乏燃料管理情况

单位：GW，tHM

国家	方式	核电装机	贮存	贮存方式		后处理		
美国	一次通过	97	84000	干湿兼有	“集中＋分散”	626	西谷后处理厂	
日本	闭式循环	36	19608	干湿兼有	“集中＋分散”	1530	1100	东海村后处理厂
							430	六所村后处理厂
俄罗斯	闭式循环	30	25449	干湿兼有	“集中＋分散”	6500	马雅克 RT-1 后处理厂	
法国	闭式循环	61	14185	湿法	集中	59500	18600	UP1 厂
							4950	UP2 厂
							36000	UP2-400/-800、UP3 厂
韩国	闭式循环	24	17300	干湿兼有	分散	—		
德国	一次通过	8	8845	干湿兼有	“集中＋分散”	208	WAK 后处理中试厂	
英国	闭式循环	9	6100	干湿兼有	“集中＋分散”	64000	9332	THORP 厂
							55000	镁诺克斯厂
印度	闭式循环	7	12000	干湿兼有	—	—		

注：1. 统计截至 2019 年 12 月；英国统计截至 2019 年 4 月 1 日。

2. 将乏燃料送去英、法、俄进行后处理的，统计在了英、法、俄的后处理量中。

（六）放射性废物管理

根据 IAEA 2022 年 1 月发布的《乏燃料和放射性废物管理现状与趋势》，截至 2016 年底，全球产生的低水平放射性废物（LLW）共计约有 14171000m^3 已被贮存，约有 18499000m^3 已受到处置；中水平放射性废物（ILW）共计约有 2740000m^3 已被贮存，约有 133000m^3 已受到处置；高水平放射性废物（HLW）共计约有 29000m^3 已被贮存，这些放射性废物均未被处置；全球固态超低水平放射性废物（VLLW）共计约有 2918000m^3 已被贮存，约有 11842000m^3 已受到处置。

固体废物既包括已有的固体材料，又包括金属，塑料和其他的干式材料和液体固化物。图 11 显示了全球现有贮存和处置的不同种类的固体放射性废物（截至 2016 年 12 月 31 日）。全球固体放射性废物分布如图 12 所示。

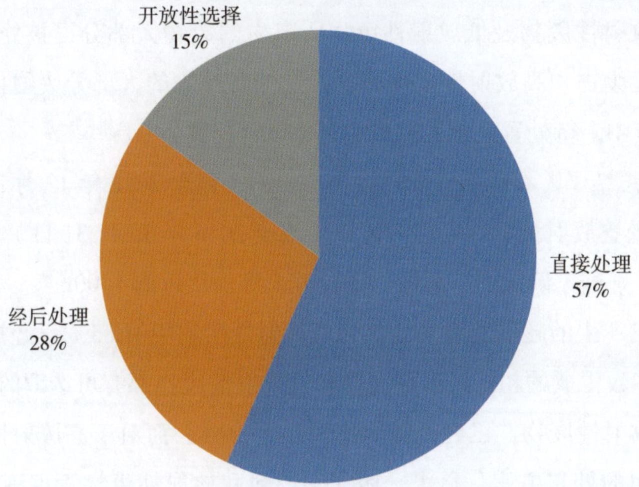

图 11　全球现有贮存和处置的不同种类的固体放射性废物（截至 2016 年 12 月 31 日）

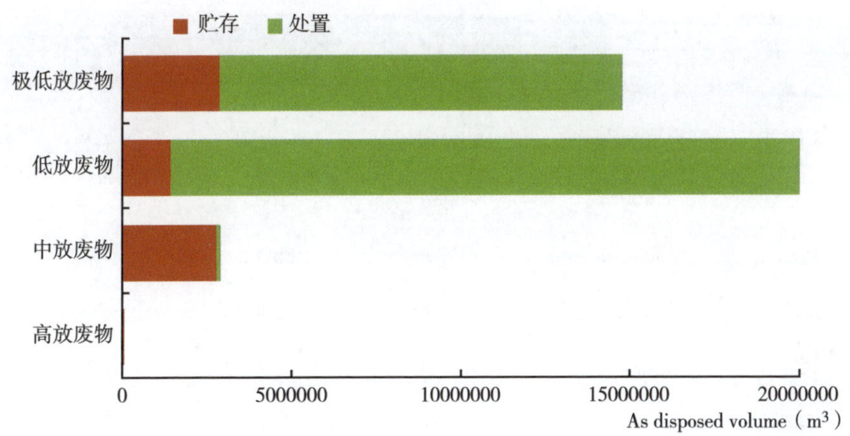

图 12　全球固体放射性废物分布

废物的体积主要由超低放射性废物和低放射性废物两部分组成。超低放射性废物的体积比低放射性废物的体积小，因为这类废物通常在一个国家的分类系统中较晚产生，因此并没有对已经处置的放射性废物进行追溯。如上所述，大部分放射性物质包含在体积小得多的中放射性废物和高放射性废物中。中低放射性废物及低放射性废物所产生的废物大部分已被处置。然而，就中放射性废物和高放射性废物而言，迄今所产生的大部分废物目前被贮存在处置设施中，待处置设施发展成熟后再进行处置。

表 13 总结了贮存放射性固体废物的体积（截至 2016 年 12 月 31 日），表 14 总结了处置放射性固体废物的体积（截至 2016 年 12 月 31 日）。废物类别的值是由个别国家确定的，总数已四舍五入到最接近的 1000m^3。

全球已产生的超低放射性废物和低放射性废物中有 85% 已经被处置。实际上，大多数生成的超低放射性废物和低放射性废物都有可选取的处置选项。对于中低放射性废物，已经处置的比例小于 10%。而对于高放射性废物，目前没有可用的处置方案。自上一版《乏燃料和放射性废物管理现状与趋势》（2013 年版）出版以来，已处置的超低放射性废物和中放射性废物的比例都有所上升，而废弃的低放射性废物的比例有所下降。

表 13　贮存放射性固体废物的体积（截至 2016 年 12 月 31 日）

单位：m^3

地区	超低放废物	低放废物	中放废物	高放废物
非洲	14000	25000	1000	0
美洲	2309000	303000	85000	6000
亚洲	350000	249000	69000	6000
欧洲	245000	890000	2583000	22000
大洋洲	0	4000	0	0
全球总计	2918000	1471000	2738000	34000

表14 处置放射性固体废物的体积（截至2016年12月31日）单位：m^3				
地区	超低放废物	低放废物	中放废物	高放废物
非洲	0	25000	1000	0
美洲	1104100	15392000	91000	0
亚洲	800	67000	0	0
欧洲	369000	3002000	43000	0
大洋洲	432000	24000	0	0
全球总计	1905900	18510000	135000	0

五　发展政策

（一）欧盟

截至2021年初，欧盟中13个成员国共有在运核电站106座，核电发电量占欧盟总发电量的30%。据欧盟统计局数据，2020年欧盟13个成员国利用核能发电683512GWh（6835.12亿度），核电发电量约占欧盟总发电量的25%。2020年初，欧盟共有109座核反应堆在运行。2020年内，3座核反应堆被永久关闭。最大的4个核电生产国分别是法国（占欧盟核电总发电量的52%；353833GWh）、德国（9%；64382GWh）、西班牙（9%；58299GWh）和瑞典（7%；49198GWh）。4国核电总发电量占欧盟核电总发电量的3/4以上。法国是最依赖核电的欧盟成员国，2020年核电发电量占该国发电总量的70.6%。其次是斯洛伐克（53.1%）、匈牙利（48.0%）、比利时（39.1%）、斯洛文尼亚（37.8%）、捷克（37.3%）、芬兰（33.9%）、瑞典（29.8%）、西班牙（22.2%）、罗马尼亚（19.9%），德国（11.3%）、保加利亚（4.1%）和荷兰（3.3%）对核电的依赖度相对较低。

欧盟积极推进碳中和，并将发展核能作为减少碳排放的重要途径。核能是欧洲低碳电力生产的最大贡献者。2021年4月21日，欧盟委员会宣布，决定将核能纳入《欧盟可持续金融分类法案》，确认核能与其他符合分类法的能源技术一样具有可持续性。2021 年 6 月，欧洲理事会通过了《欧洲气候法案》，以法律的形式确认欧盟的温室气体排放目标：在 2030 年前将温室气体排放量在 1990 年的水平上削减 55%，在 2050 年前实现碳中和。

欧盟多个成员国支持将核能纳入可持续技术分类。法国、匈牙利、斯洛伐克、捷克、波兰、保加利亚、克罗地亚、芬兰、罗马尼亚和斯洛文尼亚支持将核能纳入可持续技术分类。2021 年 11 月 18 日，由匈牙利、斯洛伐克、捷克和波兰组成的维谢格拉德集团（V4）的 4 国部长在匈牙利进行了会晤，表示没有核能就不可能实现碳中和目标。4 国部长签署了关于核能在气候中立、《欧盟分类法》、可持续投资以及供应安全方面重要性的声明。

在 2021 年能源短缺的背景下，多国考虑重启核电。飙升的天然气价格、世界范围内的能源短缺、对能源安全的担忧以及到2050年实现净零碳的雄心，使核电在被冷落数年后重回公众视野。2021 年 10 月，英国首相约翰逊宣布，为了实现 2035 年英国的所有电力将来自可再生清洁能源的目标，必须重启核电，必须推动清洁能源的生产。2021 年 11 月，法国总统马克龙宣布，法国将重启新的核电项目，旨在将能源价格控制在合理范围内，同时将利用核电完成减排目标，这是 10 余年来法国首次规划新建核电项目。

（二）美国

截至 2021 年底，美国在运核电机组数、总装机容量和发电量均位列全球第一。美国共有 93 台在运核电机组、2 台在建核电机组。2020 年核电发电量 789.9TWh，国内核电发电量占比为 19.7%。

美国提出到 2050 年实现碳中和目标，并积极部署核能。2021 年 1 月，美国总统拜登上任当天即签署总统令重返《巴黎协定》，美国于 2021 年 2 月正式重返《巴黎协定》。2021 年 1 月，拜登签署《关于应对国内外气候危机的行政令》，明确提出“将气候危机置于美国外交政策与国家安全的中心”，有意在能源独立的基础上实现清洁能源独立，提议在 2035 年前实现 100% 清洁发电，在 2050 年前实现碳中和。在 2021 年 4 月的领导人气候峰会上，拜登政府宣布，到 2030 年将美国的温室气体排放量较 2005 年的水平减少 50%，到 2050 年实现碳中和目标。2021 年 6 月 14 日，美国能源部部长詹妮弗·格兰霍姆在美国核学会年度大会上发表讲话时强调，保护现有核电机组，推动先进反应堆开发，以及投资核技术研发，都是美国清洁能源转型的关键。美国能源部核能办公室发布了《战略远景》报告，确定了 5 个目标：确保美国现有核电机组继续运行；部署先进堆；开发先进核燃料循环技术；维持美国在核技术领域的领先地位；建立高效的组织架构。

美国致力于核科技创新。先进核能是“关键的清洁能源技术”的一部分。美国拨款 14 亿美元支持犹他州小堆项目开发建设，重启先进反应堆在太空探索、两极破冰通航等领域的技术开发和应用，成立北极能源办公室。美国能源部每年支持大量的核能技术研发项目和先进反应堆示范。受美国能源部委托，美国国家科学院于 2021 年发布了《美国电力行业的未来》，列举了未来零碳电力系统技术路径，指出微堆、小堆是重点技术方向。美国能源部拨款 850 万美元，帮助一部分有前途的先进核技术研究实现商业化，以支持未来在岛屿上部署先进反应堆或进行海事应用。美国自 2017 年以来已在先进核技术上投资超过 2.15 亿美元。为支持示范堆和试验堆建设，在国会两党支持下，美国能源部正在设计多功能试验堆，该反应堆将在今后 60 年为核燃料和材料的开发提供支持。此外，美国能源部宣布提供 580 万美元的资金，用于开发 3 项可以将新建核电站建设成本降低 10% 以上的建造技术。美国能源部表示，利用先进建造技术可以降低成本，并加快先进反应堆的部署。

积极推进快堆研发。美国南方公司和泰拉能源公司正在进行综合效应试验，目前已进入最终设计阶段，预计在一个 2000 万美元的试验设施中进行试验，推进反应堆的许可申请进程。美国能源部先进反应堆示范项目支持设计和建设熔盐快堆试验堆，目标是在 21 世纪 20 年代末在爱达荷国家实验室投运。纽斯凯尔电力公司在爱达荷州的高级能源研究中心建成 1 座小堆电厂模拟实验室。该实验室距纽斯凯尔首个商用小堆电厂大约 80 千米，将为用户提供操作小堆电厂的实际经验。

积极推动核能多用途利用。2021 年 10 月，美国帕洛弗迪核电厂宣布获得政府 2000 万美元拨款，用于支持核能制氢项目。

推动小型模块堆在国防与太空探索的应用。2021 年 1 月 5 日，美国总统特朗普签署了《推动国防和太空探索使用小型模块堆的行政命令》。1 月 12 日，美国政府发布了这项行政命令，称这将进一步振兴美国核能行业和太空探索计划。特朗普表示，核能对美国国家安全至关重要。该行政命令包括在军事基地示范微型反应堆的使用，以及确保高丰度低浓铀的供应。

在运反应堆延寿。2021 年 1 月 26 日，美国核能研究所（NEI）首席核能官称，所有研究都表明，对在运核电机组进行延寿是实现零碳排放目标的最廉价方式，而新建核电机组则是成本最低的长期性零碳电源。美国在运核电站已获得监管部门延寿至 60 年的许可，已有多台机组延寿至 80 年，不断增强经济性、安全性、可靠性。2021 年，NRC 批准 2 台机组二次延寿至 80 年，还有 9 台机组正在申请延寿。

（三）俄罗斯

截至 2021 年底，俄罗斯共有 37 座在运核电机组，装机容量为 2772.7 万千瓦；4 台在建机组，装机容量为 375.9 万千瓦。2020 年核电发电量 201.8TWh，核电发电占比为 20.6%。

俄罗斯将核能视为低碳转型的基础。为达到 2045 年核能在能源结构中占比 25% 的规划要求，俄罗斯核电装机容量需新增 25 吉瓦。近年来，核能在俄罗斯能源结构中占比达 20.3%，领先水能（19.8%）和风能（1.0%），核能是俄罗斯最主要的清洁能源。核电站建设所需金属资源和占地面积分别为风力发电站的 8% 和 3%，且运营不受恶劣天气影响，是俄罗斯低碳转型的基础。俄罗斯 2021~2030 年发展规划获总统普京批准。该发展规划名为《核工业装备、技术及科学研究发展计划》，共投入 5527 亿卢布（约合 74.6 亿美元）。Rosatom 计划将该笔资金用于库尔斯克核电厂二期 2 台 VVER-TOI 机组建设项目、浮动核电厂建设项目，以及闭式燃料循环技术研究。

新建核电替代退役机组。俄罗斯面临核电机组退役的形势，已制定在 2035 年前建设约 10 台大型核电机组以替代退役核电机组的计划。目标是在 21 世纪 30 年代后半期至 40 年代初，每年在俄投产 2 台机组，以提高核电在整个电力系统中所占的比例。

俄罗斯积极进行核电技术应用创新。俄罗斯铅冷快堆 BREST-OD-300 核岛完成基础底板混凝土浇筑，计划使用专门研发的混合铀钚氮化物燃料。按照计划，燃料制造—再加工模块将于 2023 年完成建造，乏燃料后处理模块将于 2024 年开始建造，该堆最终计划于 2026 年投入运行。俄罗斯计划建造高温气冷堆用于制氢。俄罗斯使用高温气冷堆以环保的方式大规模生产氢，计划在 2033 年前建设一座用于生产氢的核电厂，并在 2036 年之前投入商业运行。Shelf M 微堆是 Rosatom 小型堆开发计划的“关键方向”之一，采用水冷、水慢化一体化反应堆设计，计划于 2024 年底完成 10MW 级设计部分。在燃料循环方面，2021 年，压水堆铀钚混合燃料形成生产能力且先导燃料组件入堆完成；铅冷快堆铀钚氮化物燃料设计完成；耐事故燃料第 3 轮入堆辐照完成。

俄罗斯是世界上出口核电机组最多的国家。俄核电机组出口量全球第一，已向白俄罗斯、印度、芬兰、匈牙利、埃及、土耳其、孟加拉国、中国等 12 个国家共出口 36 台核电机组。2021 年，俄罗斯与吉尔吉斯斯坦签订小堆建造合作备忘录；与菲律宾签署小堆建造意向性文件。

（四）法国

截至 2021 年底，法国在役核电机组共 56 台，1 台机组在建。2020 年核电发电量 338.7TWh，国内核电发电量占比为 70.6%。

法国提出于 2050 年前实现碳中和，并强调核能是实现气候目标的必经之路。2021 年 11 月，法国经济部长勒梅尔在世界核工业展览会（WNE）边会上表示，法国如果想要重新实现工业化，需要建设大量的核反应堆，使大型工业企业脱碳。法国国家电网运营商输电系统分析研究了法国实现 2050 年碳中和的 6 种主要方案，其中，在 2050 年之前新建 14 座 EPR2 反应堆并适当新建相当容量的小型核反应堆，同时加大对可再生能源的投资力度是法国于 2050 年前实现碳中和的最佳、成本最低的解决方案。法国电力公司宣布将在未来 10 年里新建 10 座核反应堆。

重振法国核计划。2021年11月9日，法国总统马克龙宣布，为了保证法国能源独立，保证国家电力供应并实现气候目标，特别是在2050年前实现碳中和，法国将建设数台新的核电反应堆。马克龙表示，他将在未来几年通过建设EPR2反应堆来重振法国核计划。启动“卓越工业”计划提高制造质量、提高技术并加强对重大核电项目的治理。“卓越工业”计划于2020年推出，2020~2021年投入1亿欧元。“法国2030”计划将投入20亿欧元开发氢能领域，投入10亿欧元开发核电产业，目标是到2030年使法国成为绿色氢能领导者，并建造新的小型反应堆。

（五）英国

截至2021年底，英国共有12台核电机组在运，总装机容量为734.3万千瓦；2台机组在建，总装机容量为326万千瓦。2020年核电发电量45.9TWh，核电发电量占比为14.5%。

英国是世界上第一个通过净零排放立法的主要经济体，提出到2050年实现净零排放。2020年12月，英国政府发布能源白皮书——《推动零碳未来》。该白皮书从消费者、电力、能源系统、建筑、工业能源、石油和天然气6个方面阐述英国政府“推动零碳未来”的目标、规划和路径。对于电力领域，该白皮书强调，电力是英国到2050年实现从化石燃料过渡到经济脱碳的关键推动因素。2021年10月，英国公布《净零战略：绿色重建》报告，阐述了英国将如何履行到2050年实现净零排放的承诺，并提出启动一项“未来能赋能基金”，为核能发展投资1.2亿英磅（1.66亿美元）。此外，英国会将模块化小堆等技术以及包括北威尔士威尔法在内的多个场址作为未来新建核电厂的备选项。英国国家核实验室发布《燃料净零：清洁能源未来的先进燃料循环路线图》，称英国必须开发先进核燃料及燃料循环技术，才能实现清洁能源目标。

英国计划建设高温气冷堆。2021年12月2日，英国能源大臣汉兹在由核工业协会组织的2021年核能大会上表示，英国将建设1座高温气冷堆作为英国先进模块化反应堆研究、开发和示范计划的核心。汉兹的声明证实了高温气冷堆技术已成为英国政府的首选。

（六）日本

截至2021年底，日本在运核电机组33台（其中只有9台处于实际运行状态），在建核电机组2台。

日本提出到2050年实现碳中和。2020年10月，日本新任首相菅义伟在他执政后的首场施政演讲中提出到2050年实现碳中和的目标。2020年12月，日本经济产业省发布了《绿色增长战略》，确定了日本到2050年实现碳中和、构建“零碳社会”的目标，日本政府希望以低碳转型为契机，带动经济持续复苏。2021年2月，日本《全球变暖对策推进法（修正案）》公布稿中明确写明“到2050年实现去碳社会”。

尽管受到福岛核事故的影响，日本仍将核能作为其实现脱碳化目标的重要选择。2021年初，日本经济产业省发布《绿色增长战略》，提出核能发展目标：到2030年争取成为小型模块化反应堆全球主要供应商，到2050年将相关业务拓展到全球主要的市场地区（包括亚洲、非洲、东欧等）；到2050年将高温气冷堆制氢的成本降至12日元/立方米；2040~2050年开展聚变示范堆建造。第五期《能源基本计划》指出，到2030年，核电占比要降至20%~22%，要重新制定核电发展的新政策。基于福岛核事故的经验，推进安全前提下的核电重启工作，强调核电作为“重要的基荷电源”，是实现脱碳化目标的重要选择。对于2050年目标，强调核能是实现脱碳化目标的重要选择。在恢复社会信任、确保安全的前提下，推进核电发展。加速发展能制氢的高温气冷堆。日本原子能机构正在茨城县欧来镇开发一种新型反应堆，名为“高温工程试验反应堆”（HTTR）。2021年10月，日本批准新《战略能源计划》，提出2030年核电占比达20%~22%。日本在确保现有核电机组安全运行的同时，支持小堆研发与核能综合利用。

日本积极推进核能技术创新。将积极参与小型反应堆国际合作，融入国际小型反应堆产业链；开展利用高温气冷堆高温热能进行热解制氢的技术研究和示范；继续积极参与国际热核聚变反应堆计划，同时利用国内的JT-60SA聚变设施开展自主聚变研究，为最终的聚变能商用奠定基础。

（七）韩国

截至 2021 年底，韩国共有 24 台在运核电机组，总装机容量为 2309.1 万千瓦；正在建设 4 台核电机组，总装机容量为 536 万千瓦。2020 年核电发电量 152.6TWh，核电发电量占比为 29.6%。

未来，核电在韩国电力结构中的占比将逐步下降。韩国《2020~2034 年电力供应长期基本规划》中提出，计划到 2034 年将核电总装机容量从 2020 年的 23.3GWe 减少至 19.4GWe。2021 年 2 月 24 日，韩国水电核电公司表示，由于新工业事故法案的通过，该公司须采取额外措施保障核电厂建设人员安全，且不能安排任何可能引发事故的夜间工作，因此，新古里核电厂 5、6 号机组（APR1400）建设进度将进一步推迟。

韩国积极开展钠冷快堆、熔盐堆和聚变堆等方面的研究。2021 年 6 月，韩国原子能研究所与韩国造船企业三星重工计划合作开发一种用于船舶推进和浮动核电站的熔盐堆。韩国斗山重工与美国 NuScale 电力公司签署了一项协议，将追加 6000 万美元投资，继续支持 NuScale 小型堆部署。另外，双方还就扩大氢生产规模和使用小型堆实现海水淡化等方面的合作达成一致。2021 年 10 月，韩国水电核电公司和加拿大核实验室签署了一份乏燃料合作谅解备忘录，为乏燃料干法贮存和核电厂退役提供技术支持。根据协议，双方将共享专业知识，在推进坎杜堆乏燃料的贮存、运输和处置方面开展合作，并探索在核设施退役和放射性废物管理方面进行合作。

支持核电“走出去”。韩国贸易、工业与能源部已组建一个用于为海外核电厂以及国内中小规模核电企业设备出口提供支持的系统。此外，该部还专门设立了核电设备出口信息和支持系统门户网站，为本国有意进入国际核电市场的企业提供相关信息。韩国水电核电公司与美国电力公司服务联盟签署协议，旨在合作制定创新性解决方案来提高该联盟旗下核电厂的安全水平和性能，并在国际核工业方面开展更广泛的合作。2021 年 3 月 7 日，韩国水电核电公司表示，该公司计划与埃及本土企业合作参与埃及达巴核电项目。根据此前签署的协议，韩国电力工程建设公司、韩国现代工程建设公司、韩国斗山重工建设公司以及韩国水电核电公司将利用其在核电厂建设方面的经验，参与埃及达巴核电项目。韩国水电核电公司已决定为埃及提供技术员和专家培训，并与埃及建立长期合作伙伴关系。2021 年 7 月 15 日，韩国科学和信息通信技术部表示，韩国原子能研究所和孟加拉国原子能委员会签署了向孟加拉国出口反应堆技术的协议，该协议价值 388 万美元。韩国原子能研究所将在 2023 年 1 月之前为孟加拉国研究反应堆提供数字仪表和控制系统。

（八）其他国家

南非在国际原子能机构第 65 届大会上宣布，计划在 2022 年 3 月底发布采购 2500 兆瓦新核电装机容量的建议书，在 2024 年完成采购，以支持经济重建和复苏计划，并确保能源供应安全。南非于 2020 年 5 月就开始制定采购 2500 兆瓦新核电装机容量的方案，并考虑所有类型的核电机组，包括小型模块化反应堆。

印度共有 22 台核电机组在运，总装机容量为 6795 万千瓦，6 台机组在建。2020 年，核电在印度电力结构中的占比约为 3%。2021 年 5 月，印度政府提出考虑制定 2050 年前实现碳中和的目标。在国家自主贡献目标中提出 2030 年碳排放强度比 2005 年下降 33%~35%。印度政府设定该目标以提高核电利用能力，并将此目标作为大规模基础设施发展计划的一部分。2021 年底，印度政府同意在该国西部马哈拉施特拉邦的杰塔普尔（Jaitapur）厂址建设 6 台 EPR 机组，目前正在与法国进行商业和技术方面的讨论，该厂将成为印度规模最大的核电厂，总装机容量将达 9900MWe。印度原型快中子增殖反应堆计划于 2022 年完工，其快堆核燃料循环设施建设项目计划于 2027 年 12 月完工。

白俄罗斯奥斯特罗维茨核电厂 2 号机组于 2021 年 12 月 27 日完成首炉核燃料装载。2021 年初，奥斯特罗维茨 1 号机组商运，成为俄罗斯本土以外首台投运的 VVER-1200 机组。

比利时政府同意 2025 年前关闭国内现有的核电厂，在能源供应无法保障的情况下，会保留 2 台核电机组运行。同时，比利时将继续投资核技术研究，包括小型模块化反应堆等。

加拿大安大略省电力公司已选择通用电气—日立核能公司 BWRX-300 模块化小堆作为达灵顿核电厂的新建反应堆堆型。达灵顿核电厂是目前加拿大唯一获准新建的核电厂，加拿大首座商业化、电网规模的模块化小堆最早有望在 2028 年建成。钠冷快堆项目（RC-100）有望在 10 年内部署，ARC-100 是 100MWe 级池式钠冷快堆，使用金属燃料，换料周期为 20 年。

六 未来发展预测

新冠肺炎疫情的发生给部分能源行业带来了重大影响，并且引发了天然气、煤炭以及电力市场价格的较大涨幅。虽然可再生能源和电动汽车的成绩有目共睹，但是 2021 年煤炭和石油的使用量均已大幅反弹，二氧化碳排放量也迎来了大幅增长。未来几十年，能源行业将面临较大压力。2021 年初，欧洲极寒天气叠加第三季度风力不足，导致下半年以来欧洲天然气、电力、碳排放价格飙升至历史新高，引发了欧洲各国对能源安全的担忧。出于对能源安全的考虑，欧洲多个国家和组织纷纷表示将调整政策，加大核能发展力度。

国际能源署于 2021 年 5 月在 2021 年特别版《世界能源展望》中指出，到 2030 年太阳能光伏和风能的年新增装机容量将接近 500 吉瓦。国际能源署制定《减少欧盟对俄罗斯天然气依赖的 10 项计划》，指出核电是欧盟最大的低碳电力来源，并建议德国等国家推迟在运核反应堆的关停计划。

国际原子能机构在 2021 年版的《直至 2050 年能源、电力和核电预测》中指出，高值情景中，预计 2030 年全球核电装机容量为 4.7 亿千瓦、2040 年为 6.29 亿千瓦、2050 年为 7.92 亿千瓦；低值情景中，预计 2030 年全球核电装机容量为 3.66 亿千瓦、2040 年为 3.78 亿千瓦、2050 年为 3.94 亿千瓦。国际原子能机构在 2021 年版报告中提出的核电机组总装机容量预测值，相比 2020 年版报告的预测值有所增长。在低值情景下，预计核电装机容量到 2050 年将增加约 9%；在高值情景下，预计核电装机容量到 2050 年将增加约 11%。

总的来看，第 26 届联合国气候变化大会的召开标志着各国迈出了碳排目标、减缓全球变暖的重要一步，全球能源绿色发展刻不容缓。核能在构建绿色低碳发展中地位凸显，在碳减排方面发挥着关键性作用，气候变化成为推动核电发展的重要因素。从上述预测可以看出，未来全球核电的装机容量将呈现持续增长趋势。

附录：2021 年涉核国际机构的核能相关重要会议及活动

1. IAEA

5 月，IAEA 在法国以视频方式召开了第 28 届国际原子能机构核聚变能大会（28th IAEA Fusion Energy Conference, FEC 2020）。作为聚变界参会人数最多、规模最大、层次最高的国际会议，此次大会吸引了超过 800 名全球聚变界代表参加。

9 月，IAEA 以线上线下相结合的方式召开了第 65 届大会（65th IAEA General Conference）。来自成员国和有关国际组织的 2000 余名代表出席此次大会，主要就核安全和辐射安全、技术合作，以及为对抗疫情采取的措施等核领域的战略问题等进行讨论。

10 月，IAEA 发布了《2021 年核技术评论》报告。

11 月，IAEA 发布了《2021 年核安全评论》报告。

11 月，IAEA 在奥地利维也纳召开了关于福岛第一核电站事故后十年进展国际会议（International Conference on A Decade of Progress After the Fukushima Daiichi-Building on the Lessons Learned to Further Strengthen Nuclear Safety）。该会议回顾了事故发生后国家、区域和国际社会从采取的行动中所吸取的教训、分享的经验、取得的成果和成就，旨在探索进一步加强核安全的途径。国际公认的高级别安全专家和其他领导人出席该会议，讨论在事故发生后采取的行动以及进一步加强核安全的行动。

2. 世界核电运营者协会 WANO

11 月，WANO 上海代表处揭牌仪式在沪举行。

11 月，WANO 针对福岛核事故 10 周年发表相关评论。

3. WNA

9 月，WNA 在 2021 年度研讨会上发布了《核燃料报告：2021~2040 年全球供求可用性情境》（The Nuclear Fuel Report: Global Scenarios for Demand and Supply Availability 2021-2040）。

10 月，WNA 发布了《世界核能绩效报告 2021 版》（World Nuclear Performance Report 2021）。

10 月，WNA 召开了 2021 年战略论坛线上会议（World Nuclear Association Strategic eForum）。

附　录

Appendix

2021 年我国核能发展大事记

1 月 4 日

生态环境部公布《核动力厂管理体系安全规定》，自 2021 年 3 月 1 日起施行。

1 月 5 日

国家电投集团所属国核自仪成功完成“国和一号”示范工程核电站堆芯仪表系统的国产化攻关任务。

1 月 21 日

国家原子能机构主任以视频方式会见经合组织核能署总干事，就进一步深化中国与核能署合作等议题交换了意见。

中国广核集团年度工作会议透露，中国具有自主知识产权的核电站神经中枢“和睦系统”已在国内 15 台新建核电机组应用，实现了多技术、多堆型的应用覆盖。

1月26日

东方电气（广州）重型机器有限公司承制的英国欣克利角C项目1号机组核岛重型支撑设备发运。

1月27日

生态环境部、国家发展改革委联合公布《民用核设施操作人员资格管理规定》，自2021年7月1日起施行。

1月30日

全球首台“华龙一号”核电机组福建福清核电5号机组投入商业运行，标志着我国在三代核电技术领域跻身世界前列。

2月3日

中核集团发布新时代核工业精神：强核报国 创新奉献。

2月10日

由核工业北京地质研究院牵头，核工业二八〇研究所共同研究发现并命名的自然界新矿物Haitaite-（La）（海塔铀矿）获得国际矿物协会新矿物、矿物命名及分类委员会（IMA CNMNC）批准。

3月4日

民政部公布2019年度全国性社会组织评估等级结果，中国核能行业协会凭借良好的基础条件、规范的内部治理、优异的工作绩效和良好的社会评价，通过全国5A级社会团体评审，位列榜首。

3月5日

李克强总理在《政府工作报告》中要求：扎实做好碳达峰、碳中和各项工作。在确保安全的前提下积极有序发展核电。

3月9日

中国广核集团自主研发的核电网络安全防护系统“和睦卫士”首台套设备，在红沿河核电站5号机组正式投入使用。

3月11日

十四届全国人大四次会议通过的《中华人民共和国经济和社会发展第十四个五年规划和2035年远景目标纲要》要求：建成华龙一号、国和一号、高温气冷堆示范工程，积极有序推进沿海三代核电建设。推动模块式小型堆、60 万千瓦商用高温气冷堆、海上浮动式核动力平台等先进堆型示范。建设核电站中低放废物处置场，建设乏燃料后处理厂。开展山东海阳核能综合利用示范。核电运行装机容量达到 7000 万千瓦。

3 月 24 日

全国核安全标准化技术委员会成立大会在京召开。

3 月 29 日

电子束杀灭冷链食品外包装新冠病毒项目成果通过专家组评审，并完成中国首台套用于冷链食品外包装消毒的示范应用装置研制。

3 月 30 日

海南自贸港建设以来的最大能源投资项目——华能海南昌江核电二期工程正式开工，这也是“十四五”时期我国首个开工的核电项目。

由中国能源研究会、中国广核集团主办的首届中国核能高质量发展大会主旨论坛分别在深圳、北京两地举办。

3 月 31 日

华能核能技术研究院有限公司正式进入实体化运作。

4 月 7 日

国家能源局印发《核电厂操纵人员现场考试实施细则》《核电厂操纵人员模拟机考试实施细则》。

4 月 13 日

我国核电行业首个综合智慧能源项目“国和一号 +”在山东荣成开工建设，该项目依托智慧能源管控与服务平台，将核能—光能—风能—储能等多种能源集中采集、集中监控，实现多能源互补、供需互动和效益最大化。

4 月 14 日

由中国核能行业协会主办的“中国核能可持续发展论坛——2021 年春季高峰会议暨第十四届中国国际核电工业展览会”在京开幕。

4 月 15 日

第六个全民国家安全教育日。由科学技术部、生态环境部、国家卫生健康委等部门联合举办的首批重点领域国家安全读本暨《总体国家安全观普及丛书》首发座谈会在京举行。

4月22日

中广核技积极“走出去”拓展海外业务再获突破，泰国首个消毒灭菌项目加速器设备完成安装调试，并通过验收正式移交。

4月23日

合肥中科离子医学技术装备有限公司凭借“基于紧凑型超导回旋加速器的质子治疗系统”和“等离子体皮肤治疗仪”两项专利，在日内瓦国际发明展和韩国首尔国际发明展中斩获“一金三银”。

5月6~8日

全国人大常委会副委员长丁仲礼率队到中核集团福清核电“华龙一号”示范工程、国家电投集团“国和一号”示范工程、华能集团高温堆示范工程进行实地考察。

第二届核应急管理国际论坛在上海国家会展中心成功举办。

5月10日

上海电气核电设备有限公司承制的南非 Koeberg 项目最后 1 台蒸汽发生器下封头与管板环缝局部热处理顺利完成。

东方电气（广州）重型机器有限公司承制的中国示范快堆首台蒸汽发生器发运。

5月11日

由国家电投山东核电与清华大学联合建设的“水热同产同送”科技示范工程在山东海阳投运，该工程通过抽取海阳核电机组的蒸汽，驱动水热同产装置，将海水直接变成 95℃的高温高品质淡水，首次实现了源侧的水、热同步产出与供给。

5月12~13日

中国核能行业协会在广东省阳江市召开“2021 年核电工程建设经验交流大会”。

5 月 15 日

以“创新与协同，绿色与安全”为主题的首届中国铀资源战略论坛在京举办。

5 月 19 日

国家主席习近平在北京通过视频连线，同俄罗斯总统普京共同见证两国核能合作项目——田湾核电站 7、8 号机组和徐大堡核电站 3、4 号机组开工仪式。

中国首个“电子束辐照处理医疗废水示范装置”项目在湖北省十堰市通过专家评审验收，我国首台用于医疗废水处理的电子束装置正式投入使用。

5 月 20 日

中巴建交 70 周年之际，“华龙一号”海外首堆工程——巴基斯坦卡拉奇核电站 K2 机组正式投入商业运行。次日，国家原子能机构主任通过视频连线，同巴基斯坦总理伊姆兰 · 汗共同见证“华龙一号”海外首堆——卡拉奇核电站 K2 机组商运仪式。

5 月 26 日

中宣部追授著名核动力专家、中国核潜艇首任总设计师彭士禄院士“时代楷模”称号。

5 月 28 日

中国科学院第二十次院士大会、中国工程院第十五次院士大会和中国科学技术协会第十次全国代表大会隆重召开，习近平总书记出席大会并发表重要讲话。习近平在讲话中提到，战略高技术领域取得新跨越。“国和一号”和“华龙一号”三代核电技术取得新突破。

中科院合肥物质科学研究院全超导托卡马克核聚变实验装置（EAST）创造新的世界纪录，成功实现可重复的 1.2 亿摄氏度 101 秒和 1.6 亿摄氏度 20 秒等离子体运行，向核聚变能源应用迈出重要一步。

6 月 1 日

国家原子能机构主任视频会见国际原子能机构总干事，就深化中国与国际原子能机构全方位合作、日本福岛核污染水处置等议题深入交换意见；并共同见证签署了关于在华设立核技术昆虫不育协作中心、开展大型公众活动核安保合作、向巴基斯坦捐赠新冠病毒检测物资等3份合作文件。

6月2日

田湾核电厂6号机组正式具备商业运行条件，标志着田湾核电厂三期工程（5、6号机组）全面建成投产。

6月4日

在6月5日世界环境日来临之际，全国首个核与辐射安全云科普馆在辽宁红沿河核电站上线，社会公众可通过手机等智能终端登录该云科普馆，在线学习了解核能、核电及核安全知识。

6月17日

中国北山地下实验室开工建设，标志着我国高放废物地质处置工作进入地下实验室建设及研发阶段，为填补我国在高放废物处置技术地下现场研发平台及设备的空白，攻克高放废物地质处置这一世界性难题提供了试验平台和基础。

6月24日

由国家原子能机构、科技部、公安部、生态环境部、交通运输部、国家卫生健康委、国家医疗保障局、国家药品监督管理局等8部门联合举办的《医用同位素中长期发展规划（2021~2035年）》发布会在京召开。

由中国同位素与辐射行业协会主办的首届中国（国际）核技术应用产业发展论坛及核技术应用科研成果展在京开幕。

6月30日

我国自主设计制造的百吨级乏燃料运输容器——CNSC乏燃料运输容器顺利下线。作为国内首台批量化生产的国产化百吨级乏燃料运输容器，CNSC乏燃料运输容器将进一步夯实我国乏燃料运输保障基础。

7月10日

国家核应急办公室印发《中国核应急救援队管理办法（试行）》。

7月13日

中核集团海南昌江多用途模块式小型堆科技示范工程（小堆示范项

目）在海南昌江核电现场正式开工，这是全球首个开工的陆上商用模块化小堆。

7 月 22 日

中广核铀业发展有限公司收购哈萨克斯坦奥尔塔雷克铀矿 49% 的股权项目正式完成交割。

7 月 23~25 日

第七届全国同位素制备及应用研讨会在浙江海盐召开。

7 月 30 日

国家核应急办公室发布《“十四五”国家核应急工作规划》。

以“标准支撑新时代中国核工业高质量发展”为主题的第 332 场中国工程科技论坛——中国核工业标准化发展战略论坛在京举办。

7 月 31 日

红沿河核电 5 号机组具备商运条件。

由沈阳鼓风机集团股份有限公司和哈尔滨电气动力装备有限公司依托国家科技重大专项课题联合研制、上海核工程研究设计院参与的“国和一号（CAP1400）屏蔽电机主泵”样机，通过了中国机械工业联合会组织的专家鉴定。

8 月 19 日

国家原子能机构主任与国际原子能机构总干事以视频形式共同见证国家原子能机构、国际原子能机构向埃及、埃塞俄比亚捐赠新冠病毒检测物资签约仪式。

8 月 30 日

由国家电投集团申报，上海核工院主导编制的国际标准《核电厂—安全重要仪表和控制系统—地震停堆系统准则》（IEC 63186:2021）由国际电工委员会（IEC）正式发布。

由上海核工院与四川大西洋焊接材料股份有限公司共同研发的国产低合金钢埋弧焊焊丝焊剂组合和焊条，在东方电气（广州）重型机器有限公司承制的核一级设备承压焊缝制造中实现应用。

9月3日

根据《中华人民共和国核安全法》及《中华人民共和国民用核设施安全监督管理条例》有关要求，经国家核安全局批准，秦山核电厂1号机组运行许可证获准延续，有效期至2041年7月30日。

秦山核电厂与上海核工程研究设计院、中核北方核燃料元件有限公司召开首批商用堆碳14靶件研制启动视频会，标志着三方合作开展的辐照生产碳14项目进入新阶段。

9月11日

国内首座高水平放射性废液玻璃固化设施在四川广元正式投运。这是我国核工业产业链后端标志性工程，其投入运行标志着我国已经实现高放废液处理能力零的突破。

首届中国—东盟核技术与核能合作发展论坛在南宁成功举办，来自中国和东盟国家的同行分享了各自在推动能源可持续发展与核技术应用方面所做出的努力和发展计划。

9月11~17日

由中国科协联合中宣部、国家原子能机构等13个部门联合主办的2021年全国科普日活动在全国举办。

9月16日

国家原子能机构在广东阳江核电站成功举办“风暴2021”核安保综合演练。

“华龙一号”研发设计创新团队“极致安全 协同创新”质量管理模式实现核行业的突破，喜获2021年第四届中国质量奖。

9月18日

华能集团与清华大学、中核集团、宝武集团、中信集团共同发起成立高温气冷堆碳中和制氢产业技术联盟，签订《高温堆碳中和制氢产业技术联盟协议书》。

9月20日

国家原子能机构主任以视频方式出席国际原子能机构第65届大会。

在国际原子能机构第 65 届大会期间，联合国粮农组织（FAO）和国际原子能机构在维也纳举办了核技术农业应用领域国际最高奖项颁奖仪式。国家原子能机构组织选拔推荐的中国科学家团队分别荣获卓越成就奖、杰出女性奖和青年科学家奖三大奖项。

9 月 21 日

大亚湾核电站实现安全运营 10000 天。自大亚湾核电站 1 号机组商运以来，累计供电超 3800 亿度。

9 月 22 日

中共中央、国务院印发《关于完整准确全面贯彻新发展理念做好碳达峰碳中和工作的意见》，要求加快构建清洁低碳安全高效能源体系，积极安全有序发展核电。

9 月 23 日

国家能源局印发《核电厂非生产区消防安全管理暂行规定》。

10 月 11 日

国家能源局局长在北京以视频方式与英国商业、能源及产业战略部国务大臣共同主持召开第七次中英能源对话。双方就中英加快民用核能等领域合作、共同支持全球能源转型等议题深入交换意见。

在联合国《生物多样性公约》第十五次缔约方大会（COP15）第一阶段会议于昆明开幕之际，国内首份基于自然资本核算的生物多样性保护报告——《中国广核集团生物多样性保护报告》正式发布。

10 月 12 日

国家原子能机构主任视频会见国际原子能机构总干事，就聚焦“全球发展倡议”深化双方合作、日本福岛核污染水处置问题等进行交流，并共同见证签署了关于在华设立高放废物地质处置协作中心、海关一线官员核安保协作中心，以及向阿根廷捐赠新冠病毒检测物资等合作文件。

10 月 16 日

国家能源局局长在山东省荣成市调研“国和一号”示范工程，并出席“国和一号 +”智慧核能综合利用示范项目一期工程投用仪式。

10月19日

由中国机械工业联合会、中国环境文化促进会、生态环境部核与辐射安全中心联合主办，国家电投集团等企业联合协办的2021年中国国际核电工业及装备展览会在烟台开幕。

10月19~21日

2021碳达峰碳中和烟台论坛和中国核学会2021年学术年会在山东烟台举行。

10月21~27日

“华龙一号”、“国和一号”、高温气冷堆示范工程等亮相国家“十三五”科技创新成就展。

10月24日

国务院发布的《2030年前碳达峰行动方案》提出：合理确定核电站布局和开发时序，在确保安全的前提下有序发展核电，保持平稳建设节奏。积极推动高温气冷堆、快堆、模块化小型堆、海上浮动堆等先进堆型示范工程，开展核能综合利用示范。加大核电标准化、自主化力度，加快关键技术装备攻关，培育高端核电装备制造产业集群。实行最严格的安全标准和最严格的监管，持续提升核安全监管能力。

10月26日

中俄总理定期会晤委员会核问题分委会第二十五次会议以视频形式召开。中俄核问题分委会双方主席，国家原子能机构主任和俄罗斯国家原子能集团公司总经理共同主持会议。

10月27日

国际热核聚变反应堆组织（ITER）宣布TAC1联合体团队成功实现主机安装第一阶段任务，具备吊装真空容器的条件。中核集团董事长与ITER组织总干事互致贺信。

10月29日

中法核能合作协调委员会第十五次会议以视频会议形式召开。中法双方介绍了两国核能发展政策，审议了自上次协调委员会会议以来专项合作项目与协作实验室工作进展，并就下一步核科技研发合作交换了意见。

经国家核安全局批准，中国核动力研究设计院高通量工程试验堆（HFETR）运行许可证获准延续，有效期至 2028 年 10 月 31 日。

11 月 3 日

2020 年度国家科学技术奖励大会在人民大会堂举行，清华大学王大中院士获国家最高科学技术奖。中核集团一项目获国家科学技术进步二等奖，中核集团参与完成的一项目获国家科学技术进步特等奖。

11 月 9 日

国家原子能机构为核工业北京地质研究院挂牌设立“国家原子能机构高放废物处置创新中心”和“国际原子能机构高放废物地质处置协作中心”。

“暖核一号”国家能源核能供热商用示范工程二期 450 万平方米项目在山东海阳提前 6 天投运，供暖面积覆盖海阳全城区，惠及 20 万户居民，海阳成为全国首个“零碳”供暖城市。

11 月 10 日

世界核电运营者协会上海代表处揭幕典礼在上海浦东隆重举行。

由中广核铀业发展有限公司和哈萨克斯坦国家原子能工业公司共同出资建设的乌里宾燃料组件有限责任合伙企业，在哈萨克斯坦东哈州投产，标志着项目正式进入核燃料组件生产阶段。

11 月 15 日

国家能源局在京通过视频方式举办山东海阳核能供暖二期工程投产暨“暖核”科普活动启动仪式。

11 月 18 日

“华龙一号”在英国的通用设计审查（GDA）项目审评问题全部关闭，GDA 技术审查工作正式结束。

11 月

中广核核电股份公司《2020 年度报告》获美国 LACP 颁发的电力行业“最佳年报金奖”“全球年报 100 强”“亚太地区年报 80 强”“中文年报 50 强”

等4个奖项。

12月2日

第十九届全国质量奖表彰大会在北京召开。中核集团福清核电荣获全国质量奖。

12月3日

由中核集团秦山核电供热的我国南方首个核能供热示范工程（一期）正式投运，供暖面积达46万平方米，惠及近4000户居民。

12月8日

国家原子能机构批复“放射性药物工程转化”“功率芯片质子辐照”“核探测与核成像”“辐射探测及仪器仪表”“放射性药物研发与临床应用”等5家国家原子能机构核技术研发中心建设。

中国核能行业协会组织推荐的“三门核电一期工程”获国家优质工程金奖，这是核能行业首个荣获金奖的三代核电工程。

12月10日

国家原子能机构主任视频会见法国原子能与可替代能源委员会主席，就中法后处理大厂等核领域合作交换意见。

受中国工业经济联合会委托，由中核集团牵头，国家电投、中广核、中物院等单位参与编纂的《中国核工业史·核工业卷》正式出版。

12月15日

中核集团秦山核电安全发电30周年报告会暨中国核电创新发展论坛分别在北京、杭州、海盐三地举办。

12月18日

我国首个深地核天体物理实验项目——锦屏深地核天体物理实验首批实验成果发布会在京举行，标志着我国核天体物理实验研究步入国际先进行列。

12月20日

全球首座球床模块式高温气冷堆核电站——华能石岛湾高温气冷堆核电站示范工程送电成功。这是全球首个并网发电的具有四代安全特征的高温气冷堆核电项目。

12 月 22 日

三代压水堆核电站燃料组件、高温气冷堆蒸汽发生器、三代压水堆核电厂堆芯测量技术与成套装备、CAP1400 核电湿绕组电机主泵等 10 个项目入选国家能源局“2021 年度能源领域首台（套）重大技术装备项目”。

12 月 27 日

国家原子能机构发布《核电站实物保护验收管理办法》。

12 月 28 日

国家原子能机构发布《乏燃料运输安保指南（试行）》。

海南昌江核电二期 4 号机组正式开工。

12 月 29 日

国务院新闻办公室发布我国首部《中国的出口管制》白皮书，全面介绍了我国完善核出口管制治理的立场、制度和实践，阐述了中国维护世界和平与发展、维护国家安全和国际安全的主张和行动。

12 月 30 日

浙江三澳核电项目 2 号机组正式开工。

12 月 31 日

国家原子能机构主任以视频形式见证海外第 2 台“华龙一号”核电机组——巴基斯坦卡拉奇核电站 K3 机组首次装料仪式。

Abstract

Nuclear energy is an important area of strategic competition among the world's major powers. By the end of 2021, there were 442 nuclear power units in operation worldwide, with a total installed capacity of more than 394 million kilowatts, distributed in 32 countries or regions; 52 nuclear power units under construction, with a total installed capacity of more than 55.087 million kilowatts, distributed in 19 countries or regions. In the context of the increasingly urgent global response to climate change and energy security issues, the advantages of nuclear energy in terms of cleanness, low-carbon, safety and high efficiency have become increasingly prominent. The world's major nuclear power countries continue to increase their investment in supporting the research and development of third-generation nuclear power technology, small modular reactors, fourth-generation nuclear energy systems and fusion technology. World authoritative organizations such as the International Atomic Energy Agency and the International Energy Agency predicted that the installed capacity of global nuclear power will continue to increase in the future.

This report comprehensively presents the latest progress of China's nuclear energy development in 2021. As of the end of December 2021, the number of commercial nuclear power units in China was 51, with a total installed capacity of 53.275 million kilowatts, ranking third in the world and accounting for 2.24% of the country's total installed power capacity; nuclear power generation was 407.141 billion kilowatt hours, ranking second in the world, an increase of 11.17% compared to last year, accounting for about 4.8% of the country's total power generation; 20 nuclear power units were under construction, with a total installed capacity of 21.429 million kilowatts, continuing to rank first in the world. New progress has been made in nuclear energy technology innovation. The first domestic and foreign HPR1000 reactors were put into commercial operation one after another, the major project of large-scale advanced pressurized water reactor continued to advance, the high-temperature gas-cooled nuclear power plant demonstration project was successfully connected to the grid for the first time, the construction of onshore small modular reactors started, and new breakthroughs were made in the research and development of key technologies for advanced nuclear energy systems such as sodium-cooled fast reactors, lead-cooled fast reactors, molten salt reactors, and fusion reactors. The production and operation of the nuclear fuel cycle industry remained stable, new progress was made in the exploration, mining and smelting of uranium ore, the processing and production of nuclear fuel was stable and reliable, the development of serialization and type spectrum of fuel elements continued to advance, and the management of spent fuel and radioactive waste in nuclear power plants continued to be strengthened. The capability of independence and localization of nuclear power equipment has been continuously improved, the annual supply capacity of about 10 units/set of 1-million-kilowatt-class pressurized water reactor nuclear power main equipment has been formed, and the localization rate of main reactor equipment has reached over 90%. Work in the fields of nuclear energy industry management, policy and regulation system construction, radiation safety supervision, nuclear emergency response, and nuclear security have been continuously strengthened. The systemization, institutionalization and standardization of nuclear energy personnel training have been further strengthened, and a high-quality nuclear energy personnel team with a scale of about 200,000 people has been formed. The nuclear energy industry has deepened its opening to the outside world, and continued to strengthen international cooperation in the fields of nuclear power engineering, nuclear energy industry chain, scientific and technological innovation, and international governance. The application of nuclear technology has made great progress in isotopes, medicine, industry, agriculture, security and other fields

This report analyzes the new situation faced by China's nuclear energy development, and believes that: intensified climate action is driving the global transition to low-carbon development, and nuclear energy has once again received attention; global energy security issues have become increasingly prominent, highlighting the importance of nuclear energy in ensuring energy security; global advanced nuclear energy technology research and development continues to strengthen, and nuclear energy technology innovation has made new progress. The report looks forward to the future development of nuclear energy in China: nuclear energy will maintain a steady and orderly pace of development, nuclear technology innovation will further empower the high-quality development of the nuclear energy industry, the multi-purpose utilization of nuclear energy will enter a period of acceleration, optimizing the spatial layout according to local conditions will promote the balanced development of nuclear power, and the policy environment for China's nuclear energy development will be more complete.

Keywords: Nuclear Energy Development; Carbon Neutrality; Clean and Low-Carbon; Energy Security; Technological Innovation

Contents

Ⅰ General Report

Abstract: This report comprehensively introduces the latest progress of China's nuclear energy industry development in 2021 from 9 aspects. In 2021, the number of China's commercial nuclear power units has reached 51, and the nuclear power generation has increased by 11.17% compared to last year. The scale of nuclear power units under construction has continued to be the largest in the world. A series of new achievements have been made in nuclear energy technological innovation. Nuclear fuel cycle industry, nuclear power equipment manufacturing, nuclear industry management and safety assurance, nuclear talent team assurance capabilities have been continuously improved. International cooperation in nuclear energy has continued to deepen, and new progress has been made in the application of nuclear technology. Currently, the development of China's nuclear energy industry has entered a new stage of "actively, safely and orderly". Looking forward to the future, the scale of nuclear power installed capacity will further increase, the layout of nuclear power is expected to be more balanced, the innovation of nuclear technology will better enable the high-quality development of the nuclear energy industry, the multi-purpose utilization of nuclear energy will enter a period of acceleration, and the policy environment for promoting the development of nuclear energy will be more perfect.

Keywords: Nuclear Generation; Comprehensive Utilization of Nuclear Energy; Nuclear Fuel Cycle; Carbon Peaking and Carbon Neutrality

Ⅱ Topic Reports

B.2 Scientific and Technological Innovation of Nuclear Energy 018

Abstract: New progress was made in scientific and technological innovation in China's nuclear energy sector in 2021. Large advanced pressurized water reactor and high-temperature gas-cooled reactor nuclear power plant continued to be further advanced. CAP1400 has made new progress in the autonomy of equipment and materials, nuclear power standard system. HTR-PM continues to carry out in-depth research on related technical fields such as the debugging and operation of demonstration projects. The first HPR 1000 nuclear power plant in China and abroad have been in commercial operation. New breakthroughs have been made in the independent research and development of key equipment, and the level of digital intelligence has been continuously improved. The demonstration project of small modular reactor has officially started construction. Research and development of advanced nuclear energy systems and demonstration projects were being stepped up. The demonstration project of multi-purpose utilization of nuclear energy has been put into operation. New breakthroughs have been made in the research and development of controlled nuclear fusion technology, and the certification of software with independent intellectual property rights was progressing smoothly.

Keywords: Science and Technology Innovation; Large PWR; High-Temperature Gas-Cooled Reactor; Small Modular Reactor; Nuclear Fusion

B.3 Nuclear Power Production and Operation 029

Abstract: The installed capacity and power generation of commercial nuclear power plants in China have grown steadily. This section comprehensively shows the production and operation of nuclear power in China in 2021 by sorting out the latest data on the installed capacity, power generation, utilization hours of nuclear power equipment, operational safety, and nuclear energy heating. By the end of 2021,China added 3 new commercial nuclear power units, bringing the cumulative number to 51 with an installed capacity of 53.26 million kilowatts. The nuclear power generation increased significantly by 11.17% compared to last year, reaching 407.141 billion kWh and accounting for about 4.8% of the national total power generation. The average utilization hours of nuclear power throughout the year and the average capacity factor was 7777.85 hours and 92.27%, respectively. All nuclear power plants operated safely and stably, and there was no operation incident of INES level 1 or above throughout the year. The full score proportion of China's nuclear unit WANO comprehensive index reached 70.8%, with an average value of 97.83, both higher than that of major nuclear power countries and better than that of global units. In 2021, the demonstration and promotion of nuclear energy heating in China also began.

Keywords: Nuclear Generation; Nuclear Operation; Nuclear Power Equipment Utility Hours; WANO Comprehensive Index

B.4 Nuclear Power Engineering Construction 043

Abstract: By the end of 2021, China had 20 nuclear power units under construction, with a total installed capacity of 21.429 million kilowatts. The installed capacity of nuclear power units under construction continued to rank first in the world. And 6 nuclear power units were newly started in 2021.In 2021, China's nuclear power projects under construction steadily promoted. The project safety, quality, progress, investment, technology, environment protection and other aspects effectively controlled.

Keywords: Nuclear Power Project; Nuclear Power Construction; Nuclear Power Generating Sets

B.5 The Nuclear Fuel Cycle Industry 059

Abstract: The nuclear fuel cycle industry is a high-tech strategic industry and the foundation for the development of nuclear energy. In 2021, Nuclear fuel industry keeps stable production and supply , continuously increase the industrial scale, and further consolidate the support capability while against the COVID-19. Important progress has been made in uranium exploration, mining and metallurgy technology. Continuous improvement has been achieved for the quality development of uranium enrichment industry. The R&D and industrialization of self-owned nuclear fuel brand has been accelerated. Important achievements in the construction of LLW centralized disposal sites has been made. New breakthroughs for the construction of underground laboratories for high-level radioactive waste has been achieved.

Keywords: Nuclear Fuel Cycle; Natural Uranium; Nuclear Fuel Processing

B.6 Nuclear Power Equipment Manufacturing Industry 068

Abstract: In 2021, China's nuclear power equipment manufacturing capacity has been continuously improved. Nuclear power products and systems independently developed by equipment manufacturing enterprises have been successfully applied to CAP1400, HPR1000 and HTR-PM. Each core link of the nuclear product is independently controllable, a whole industrial chain is formed, and it has the ability of industrialization and batch production for nuclear equipment. At the same time, relevant enterprises actively participate in equipment development related to the Sodium Cooled Fast Reactor, Lead Based Reactor, Molten Salt Reactor, Fusion Reactor and spent fuel reprocessing.

Keywords: Nuclear Power Equipment; Equipment Development; Localization

Abstract: The nuclear energy industry has earnestly implemented the new development concept,and actively strengthens the industry management, the construction of policies and regulations, radiation safety supervision, nuclear emergency, nuclear security and other fields. The 14th Five-Year Plan for nuclear industry, nuclear science and technology, decommissioning treatment, nuclear safety and prevention and control of radioactive pollution, and national nuclear emergency preparedness has been formulated and promulgated.

Keywords: Industry Management; Policies and Regulations; Nuclear and Radiation Safety; Nuclear Emergency; Nuclear Security

Abstract: Innovation is the foundation of strong nuclear, and talent is the source of innovation. In 2021, China nuclear corporations have vigorously implemented the talent development strategy, and the scale and quality of talents is constantly improving, the systemization, institutionalization and standardization of talents cultivation is further enhanced, the system ant the mechanism of talent development continuously optimized. By the end of 2021, the major nuclear enterprises formed a high-quality nuclear energy talent team of about 200,000 people, providing a guarantee for the scientific and technological innovation and industrial development of nuclear power, nuclear fuel cycle, nuclear technology applications.

Keywords: Talent Guarantee; Talent Cultivation; Talent Team Building

Abstract: In the face of the complicated international situation and the continuous spread of COVID-19, nuclear energy industry in China has firmly adhered to the high-level opening-up and insisted on deepening international cooperation. Important progress has been made in overseas nuclear power projects. The China-Russian cooperation projects - The Tianwan Nuclear Power Plant Units 7 and 8 and the Xudabao Nuclear Power Plant units 3 and 4 - have officially started.Pakistan's Karachi K2 unit has been put into commercial operation, creating good performance in the construction of the first overseas reactor of third-generation technology.Karachi K3 unit first loaded. New achievements have been made in international cooperation in the nuclear energy industry chain. The fuel assembly plant of the Sino-Kazakhstan joint venture has been completed and put into operation, the development of overseas uranium resources was steadily advanced, and services have been improved to build an international brand for nuclear power operation and maintenance. New achievements have been made in international cooperation in nuclear science and technology. The first ITER China Helium Cold Solid State Experimental Cladding System (HCCB TBS) project was launched. Two projects of Living PM and SG integrity evaluation were awarded EPRI Technology Transformation Award, and several international standards have been officially released. With the cooperation and exchanges with IAEA and WANO, the influence of China's nuclear energy industry in the global governance has been continuously enhanced.

Keywords: International Cooperation; Nuclear Power Engineering; Scientific and Technological Innovation; International Governance

Abstract: Nuclear technology application is a highly knowledge-intensive, multi-disciplinary, multi-application-scenario subject. It has become an indispensable and important field for the current national social and economic development, and has become a strategic commanding point and an important industrial direction for the development of all countries in the world. In 2021, nuclear technology application in isotope, medicine, industry, agriculture, security and other industries has achieved good results.

Keywords: Nuclear Technology Application; Isotope; Nuclear Medicine; Nuclear Security

Ⅲ Major Issues Research Report

Abstract: Nuclear industry standardization, which is one of important guarantees for nuclear safety, is also of great significance in promoting the safe development, high-quality development, and innovative development of the nuclear industry. Base on the analysis of Chinese nuclear industry standardization, the shortcomings of nuclear industry standardization from the aspects of management mechanism and standards system framework have been sorted out. Combining the development trend of China standardization and nuclear industry, the development strategies and suggestions of nuclear standardization have been proposed, to support the independent and long-term development of China nuclear industry.

Keywords: Nuclear Industry; Standardization; Standard System Framework

Ⅳ Special Reports

B.12 Safety Guarantee for Continued Operation of Nuclear Power Plants 115

Abstract: Based on the achievements and experience of Qinshan nuclear power plant unit 1 operating license extension demonstration project, this paper expounds the safety guarantee for the extensive operation of nuclear power units from the technical and regulatory aspects. The technical route, technical methods, industrial standards and practical experience of nuclear power plant extensive operation can provide reference and guide for China's nuclear power plants to perform the operating license extension activities.

Keywords: Operating License Extension; Aging Management Review; Time Limited Aging Analysis; FSAR Supplement; Environmental Impact Assessment

B.13 Demonstration and Economic Analysis of Comprehensive Utilization Technology for Nuclear Power Units 129

Abstract: With China already committing to peak carbon dioxide emissions before 2030 and achieve carbon neutrality before 2060, a broad space has been created for the comprehensive utilization of nuclear, which has been seen as a unique model for green and low-carbon development. This paper reviews the history and current situation of the comprehensive utilization of nuclear domestically, with focus on the

Haiyang Nuclear Power Plant's (in Shandong Province)as a pioneer in this field. By reviewing the exploration, demonstration and economic argumentation of Haiyang Nuclear Power Plant's practice in providing district heating,simultaneous production and transmission of heat/water, this paper looks forward to the further enrichment and expansion of scenarios in the comprehensive utilization of nuclear, and puts forward some thoughts and suggestions on the innovation of the comprehensive utilization of nuclear in China.

Keywords: Nuclear Power Generating Sets; Technology Demonstration; Economy; Scenario Development

Abstract: This paper reviews the main achievements and experiences of the Algeria Bilin Nuclear Research Center project, Pakistan nuclear power project, overseas nuclear power market layout, overseas operation and maintenance, international cooperation, and international operation capacity building. Analyze the development prospects of nuclear power in the context of global carbon neutrality and the normalization of the epidemic. Analyze the specific strategy of nuclear power "going global" that promotes the coupling of market development, engineering construction, operation and maintenance services, international trade and other businesses, and the spiral rising. Suggestions such as the introduction of national-level nuclear power export strategic plans, the formulation of special financing policies, and the improvement of nuclear power export-related laws and regulations.

Keywords: Nuclear Power "Going Global"; International Cooperation; Overseas Market Layout; Overseas Operation and Maintenance

V International Report

Abstract: The global energy industry has been greatly affected by the Novel Coronavirus outbreak. There's been a huge drop in demand for electricity, nuclear power has relatively little impact. In order to systematically and comprehensively understand the development trend of nuclear energy in the world, to investigate and study data from international authoritative agencies such as the IAEA and the IEA. The data indicate that the global installed capacity of nuclear power will continue to grow in the future. Global green energy development is urgent, nuclear energy plays a prominent role in building green and low-carbon development. Several European countries and organizations have said they will adjust their policies, they will step up efforts to develop nuclear energy.

Keywords: Nuclear Energy Development; Growth Trend; Green and Low-Carbon

S 基本子库
UB DATABASE

中国社会发展数据库（下设 12 个专题子库）

紧扣人口、政治、外交、法律、教育、医疗卫生、资源环境等 12 个社会发展领域的前沿和热点，全面整合专业著作、智库报告、学术资讯、调研数据等类型资源，帮助用户追踪中国社会发展动态、研究社会发展战略与政策、了解社会热点问题、分析社会发展趋势。

中国经济发展数据库（下设 12 专题子库）

内容涵盖宏观经济、产业经济、工业经济、农业经济、财政金融、房地产经济、城市经济、商业贸易等12个重点经济领域，为把握经济运行态势、洞察经济发展规律、研判经济发展趋势、进行经济调控决策提供参考和依据。

中国行业发展数据库（下设 17 个专题子库）

以中国国民经济行业分类为依据，覆盖金融业、旅游业、交通运输业、能源矿产业、制造业等 100 多个行业，跟踪分析国民经济相关行业市场运行状况和政策导向，汇集行业发展前沿资讯，为投资、从业及各种经济决策提供理论支撑和实践指导。

中国区域发展数据库（下设 4 个专题子库）

对中国特定区域内的经济、社会、文化等领域现状与发展情况进行深度分析和预测，涉及省级行政区、城市群、城市、农村等不同维度，研究层级至县及县以下行政区，为学者研究地方经济社会宏观态势、经验模式、发展案例提供支撑，为地方政府决策提供参考。

中国文化传媒数据库（下设 18 个专题子库）

内容覆盖文化产业、新闻传播、电影娱乐、文学艺术、群众文化、图书情报等 18 个重点研究领域，聚焦文化传媒领域发展前沿、热点话题、行业实践，服务用户的教学科研、文化投资、企业规划等需要。

世界经济与国际关系数据库（下设 6 个专题子库）

整合世界经济、国际政治、世界文化与科技、全球性问题、国际组织与国际法、区域研究 6 大领域研究成果，对世界经济形势、国际形势进行连续性深度分析，对年度热点问题进行专题解读，为研判全球发展趋势提供事实和数据支持。

法律声明